1+X证书制度汽车专业领域配套教材

U0794171

汽车动力与驱动系统综合分析技术（初级）

主　编 ◎ 魏德全　平措达杰
副主编 ◎ 桑志博（吉林机电工程学校）　次仁卓玛
刁清友
参　编 ◎ 完德加　扎西次仁　拉　琼　嘎玛顿珠
钱　俊　仁增朗杰　付迎刚
张琳琳（吉林机电工程学校）
主　审 ◎ 王　俊（林芝市职业技术学校）

西南交通大学出版社
·成　都·

图书在版编目（CIP）数据

汽车动力与驱动系统综合分析技术 ：初级／魏德全，平措达杰主编. --成都 ：西南交通大学出版社，2023.8
ISBN 978-7-5643-9193-5

Ⅰ. ①汽… Ⅱ. ①魏… ②平… Ⅲ. ①汽车－动力系统－驱动机构－系统综合－综合分析 Ⅳ. ①U463

中国国家版本馆 CIP 数据核字（2023）第 037730 号

Qiche Dongli yu Qudong Xitong Zonghe Fenxi Jishu（Chuji）
汽车动力与驱动系统综合分析技术（初级）
主编　魏德全　平措达杰

责任编辑　李华宇
封面设计　何东琳设计工作室

出版发行　西南交通大学出版社
（四川省成都市金牛区二环路北一段 111 号
西南交通大学创新大厦 21 楼）
邮政编码　610031
营销部电话　028-87600564　028-87600533
网址　http://www.xnjdcbs.com
印刷　四川玖艺呈现印刷有限公司

成品尺寸　185 mm×260 mm
印张　9.75
字数　233 千
版次　2023 年 8 月第 1 版
印次　2023 年 8 月第 1 次
书号　ISBN 978-7-5643-9193-5
定价　39.00 元

课件咨询电话：028-81435775
图书如有印装质量问题　本社负责退换
版权所有　盗版必究　举报电话：028-87600562

日喀则市职业技术学校
汽车运用与维修专业 1+X 证书制度试点项目
教材编写委员会

主　　　　任：达娃卓玛

常务副主任：张俊明

副　主　任：于　昊　次仁多吉　张　东
　　　　　　拉　琼　赵　辉

成　　　　员：平措达杰　刘跃军　罗桑扎西
　　　　　　旦木真　扎西旺堆　边巴旺堆
　　　　　　普布欧珠　巴桑多吉　旦增旺拉

前言

PREFACE

本书主要以实际车型为示例，根据企业典型工作任务与实际岗位的理论知识和技能知识需求，在汽车维护保养内容的基础上，结合汽车专业领域 1+X《汽车动力与驱动系统综合分析技术》初级模块职业技能等级证书标准，将汽车专业领域 1+X 考评内容融入教材中，实现书证融通。

本书主要包括动力系统检查与综合保养、自动变速器功能检查保养、传动与分动功能检查保养、动力与驱动功能检查保养 4 个项目，20 个工作任务。内容包含汽车发动机、汽车底盘、汽车电气系统的机械和电控部分的组成、构造、维护保养等内容，本着实用、够用、适用的原则编写。

本书与《汽车动力与驱动系统综合分析技术（初级）实训指导手册》配合使用，其特色是采用“岗位对接式教学模式”，按“教→学→做→训→考→评”为一体的层次结构，将汽车运用与维修专业汽车维护保养重点内容和汽车专业领域 1+X 证书制度技术等级标准及汽车维修厂重点岗位技能进行整合，把企业真实生产岗位知识融入教材，实现书证融通，强化动手实践能力培养，让学生与企业零距离接轨。

本书由日喀则市职业技术学校魏德全、平措达杰担任主编，吉林机电工程学校桑志博和日喀则市职业技术学校次仁卓玛、刁清友担任副主编，林芝市职业技术学校王俊担任主审。

本书在编写过程中得到了学校各位领导和专家的大力支持，得到了四川华夏博康教育科技有限公司和成都融畅易和科技有限公司的鼎力帮助，同时参考和借鉴了其他汽修专业书籍、资料，在此一并向他们表示感谢。

本书虽经编写人员多次讨论、修改，但限于编者水平，难免存在不足之处，恳请广大读者批评指正。

编　者

2022 年 9 月

目录

CONTENT

项目一　动力系统检查与综合保养

任务一　空气点火部件检查保养

知识目标

- ◆ 1. 了解空气滤清器的作用；
- ◆ 2. 了解节气门的结构与作用；
- ◆ 3. 熟悉火花塞的分类及结构；
- ◆ 4. 了解点火线圈的种类。

技能目标

- ◆ 1. 能进行空气滤清器、管路及壳体检查、清洗和更换；
- ◆ 2. 能进行节气门积炭清洗；
- ◆ 3. 能进行火花塞拆装、检查和更换；
- ◆ 4. 能进行点火线圈检查和拆装。

一、空气滤清器、管路及壳体检查、清洗和更换

空气供给系统的功用是为发动机可燃混合气的形成提供清洁的空气，并计量和控制燃油燃烧时所需要的空气量。空气经空气滤清器、空气流量计、节气门体进入进气总管，再分配到各缸进气歧管。在进气歧管空气与喷油器喷出的燃油混合后被吸入气缸内，由火花塞点燃燃烧。

1．空气滤清器的功用

空气滤芯是一种过滤器，又叫空气滤筒、空气滤清器（见图 1-1）、风格等。它主要用于工程机车、汽车、农用机车的空气过滤，起到滤除空气中灰尘、砂粒的作用，保证气缸中进入足量、清洁的空气。

2．空气滤清器的分类

按照滤清原理，空气滤清可分为惯性式、过滤式和油浴式 3 种。发动机中常用的空气滤清器主要有惯性油浴式空气滤清器、纸质干式空气滤清器。

3．空气滤清器的组成

空气滤清器由滤芯（见图 1-2）和壳体两部分组成。

图 1-1　空气滤清器

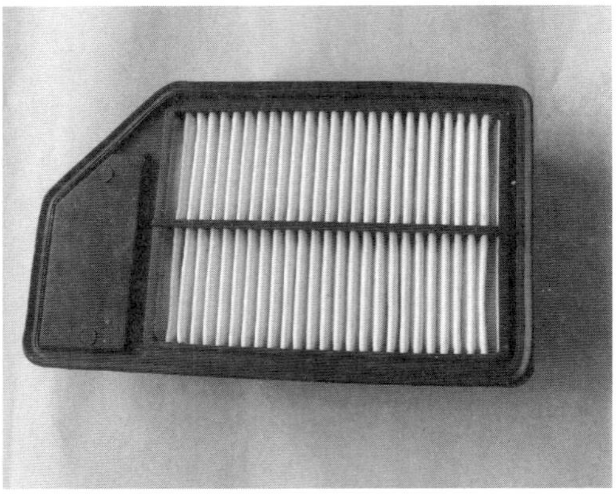

图 1-2　空气滤清器滤芯

4．保养内容

定期清洁、更换空气滤清器滤芯，检查进气管道连接处有无松动，进气管路有无破损、漏气。

5．空气滤清器滤芯不定期清洁和更换的危害

（1）长时间不更换空气格，会导致其过滤效果下降。空气中细小灰尘会通过进气管路进入发动机燃烧室进行燃烧，造成发动机气缸磨损严重。

（2）汽油燃烧不充分，节气门积炭增多。发动机内部积炭增多，会导致车辆怠速不稳定、排气管冒黑烟、发动机抖动等异常症状。

（3）空气滤芯表面吸附太多的杂质，容易造成堵塞，使发动机进气量不足。

二、进气系统积炭清洗

进气系统积炭的清洗主要是节气门体积炭的清洗，下面主要对节气门体进行介绍。

1．节气门体的功用

节气门体安装在空气流量计和发动机之间的进气管上，节气门与驾驶员的加速踏板联动，控制节气门的开度，使进气通道面积发生变化，从而达到控制进气量和控制发动机运行工况的目的。

2．节气门的分类

节气门有传统机械拉索式节气门和电子节气门（见图 1-3）两种。

目前主要使用电子节气门，电子节气门的种类有电液式、线性电磁铁式、步进电机式和直流伺服电机式四种，直流伺服电机式在汽车上应用较为广泛。

图 1-3　电子节气门

3．电子节气门的结构

电子节气门的结构（见图 1-4）由以下几个部分组成：节流阀、电磁驱动器、电位计、控制器、旁通阀。

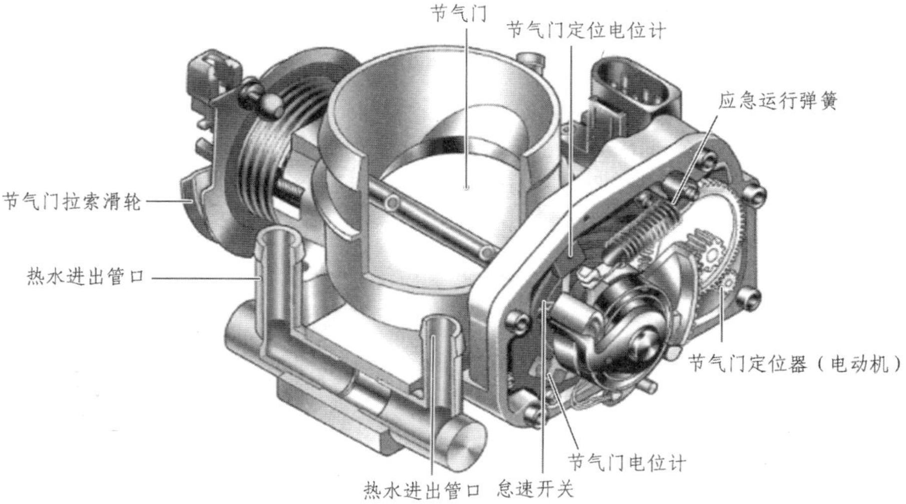

图 1-4　电子节气门结构

4．维护保养内容

定期检查、清洁，确保进气系统的畅通和进气量的控制精确。

5．节气门积炭的影响

轻微或者中度积炭对于日常行驶影响不大，但对于怠速工况却有较大影响。怠速时节气门开度很小，而积炭会进一步减少怠速时的进气量，从而出现发动机工作不稳定，甚至熄火等现象。还可能出现动力下降、行驶无力、油耗上升、尾气污染物排放量增加等故障，严重时可能会引起气门烧坏、早燃或爆缸甚至报废。主要现象有：

（1）会导致怠速不稳，抖动严重；

（2）加速迟缓，踩了油门后要等上一秒钟才会有反应；

（3）刹车前窜，刹车在快要刹停的时候车往前窜一下；

（4）不好打火，要打好几次才能打着，或者需要踩踩油门才能着火；

（5）怠速时燃烧不完全，进一步加速气缸中积炭的生成。

三、火花塞的检查与更换

点火系统的功能是将低压直流提升到足够高的电压。压缩后的高温高压可燃混合气由火花塞点燃。点火系统通常由蓄电池、发电机、点火线圈和火花塞组成。

1．火花塞的功用

火花塞（见图 1-5），俗称火嘴，它的功用是把高压导线（火嘴线）送来的脉冲高压电放出，击穿火花塞两电极间空气，产生电火花以点燃气缸内的混合气体。

火花塞安装在发动机的侧面或顶部，高压电靠点火线圈生成，然后传递给火花塞，火花塞的工作电压至少为 10 000 V。

图 1-5　火花塞

2．火花塞的分类

按照热值高低来分，有冷型和热型；按照电极材料来分，有镍合金、银合金和铂合金等。

3．火花塞的结构

火花塞主要由钢壳、中心电极、绝缘体、侧电极、密封垫圈等组成，如图 1-6 所示。

（1）钢壳：钢壳下部是细螺纹，用于与缸盖火花塞孔配装，上部有外六方螺母，用于装火花塞套筒，以拧紧或拧出火花塞。

（2）中心电极：金属杆下端与中心电极上端通过导体玻璃体接触，金属杆上端装有接线螺母。

（3）绝缘体：在钢制壳体与中心电极之间有高氧化铝陶瓷绝缘体，使中心电极在通电时绝缘。

（4）侧电极：钢壳体最下部装有弯曲的侧电极。

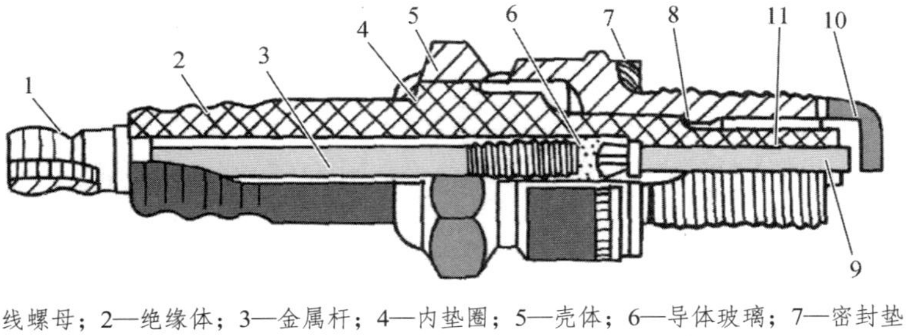

1—接线螺母；2—绝缘体；3—金属杆；4—内垫圈；5—壳体；6—导体玻璃；7—密封垫圈；8—内垫圈；9—中心电极；10—侧电极；11—绝缘体裙部。

图 1-6　火花塞结构

4．火花塞的检查和保养内容

火花塞的检查、保养内容主要有外观检查、检查火花塞的电阻值、检查调整电极间隙、火花塞的清洗等。

1）外观检查

（1）检查高压阻尼线是否损坏，检查气缸盖的火花塞孔是否潮湿，不得有机油、冷却液或水，火花塞完全受潮后会引起电弧放电；

（2）检查绝缘体是否有裂纹，若有会引起放电；

（3）检查火花塞中心电极是否有异常放电的迹象；

（4）测量中心电极之间的间隙，检查火花塞扭矩是否正确；

（5）检查火花塞侧电极是否断裂或磨损；

（6）若火花塞偏曲或电极烧蚀成圆形，则须更换新的火花塞。

2）检查火花塞的电阻值

现代汽车普遍采用电阻型火花塞，其绝缘电阻值为 3 ~ 15 kΩ。检查方法是将万用表拨到 $R\times1$ kΩ 挡，两只表笔分别连接中心电极和高压线插头进行测量。如阻值为无穷大，说明已断路，应更换火花塞；如阻值过小，则不能抑制无线电干扰信号，也应更换火花塞（见图 1-7）。

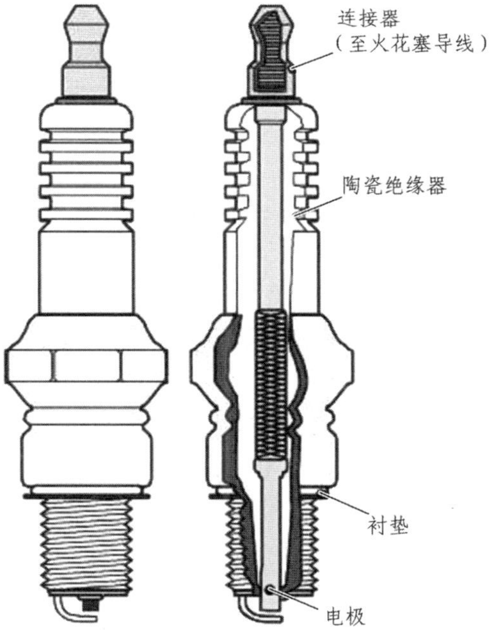

图 1-7　火花塞

3）检查调整电极间隙

用专用量规或厚薄规检查，若间隙值不符合规定，应用专用工具扳动侧电极来调整，方法如图 1-8 所示。

4）火花塞的清洗

火花塞上的污垢主要是积炭和油污（见图 1-9）。积炭一般沉积在火花塞旋入部分的壳体端面和内腔以及绝缘体裙部与电极周围，是一层黑色或灰黑色的沉积物，严重积炭时呈现茸状、黑色、无光泽的积炭层。油污主要存在于火花塞旋入气缸内的壳体端面周围和绝缘体裙部。

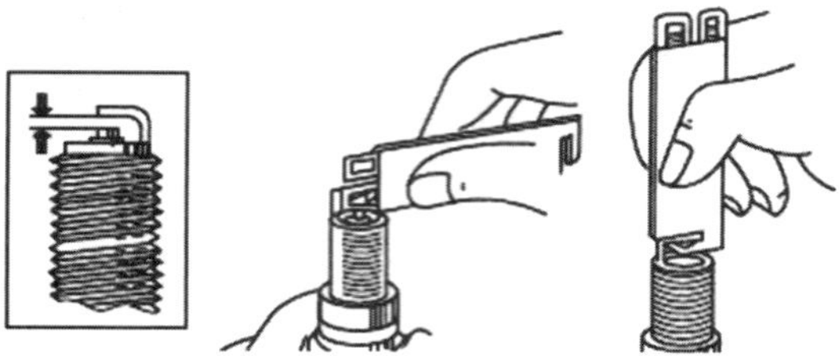

图 1-8　火花塞间隙调整

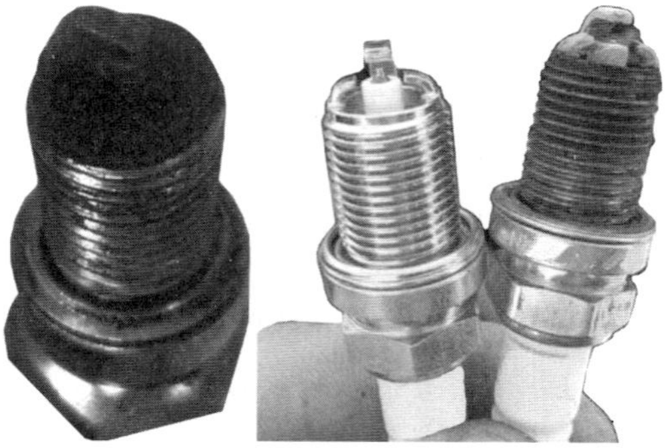

图 1-9　火花塞积炭和正常火花塞对比

火花塞严重油污和积炭，相当于减小了火花塞电极间隙，于是在次级电压还未上升到火花塞击穿电压时，就通过积炭产生漏电，使次级电压下降，造成点火困难。为此，汽车每行驶 5 000 ~ 10 000 km 时应进行检查，若存在污垢，应进行清洁。

5．危害

火花塞出现积油覆盖火花塞电极，容易出现起动困难，个别气缸断火等现象。

6．注意事项

（1）拔下高压线接头时应轻柔，操作时不可用力摇晃火花塞绝缘体，否则会破坏火花塞密封性能。

（2）发动机冷却后方可拆卸，当旋松所要拆卸的火花塞后，用吹枪逐一吹净火花塞周围的污物，以防火花塞旋出后污物落入燃烧室内。

（3）螺丝周围、火花塞电极和密封垫必须保持清洁、干燥、无油污，否则会引发漏电、漏气、火花减弱等故障。

（4）安装时，先用套筒将火花塞对准螺孔，用手轻轻拧入，拧到约螺纹全长的 1/2 后，再用预置式扭力扳手紧固。若拧动时手感不畅，应退出检查是否对正螺口或螺纹中有无夹带杂质，切不可盲目加力紧固，以免损伤螺孔，殃及缸盖，特别是铝合金缸盖。

（5）应按要求力矩拧紧，过松会造成漏气，过紧使密封垫失去弹性，同样会造成漏气。

四、点火线圈检查

1．点火线圈的功用

将汽车 12 V 的电压转变为 20 ~ 30 kV 的高压电，汽车点火系统利用此高压电来点燃气缸中的可燃混合气燃烧对外做功。

2．点火线圈的分类

点火线圈分为开磁路式点火线圈和闭磁路式点火线圈两种。闭磁路式点火线圈漏磁少，磁路的磁阻小，能量损失小，能量变换率高，其绝缘性、密封性均优于开磁式点火线圈，故在汽车中被广泛使用。

3．点火线圈组成

点火线圈由初级绕组、次级绕组、铁心、绝缘物质等组成，如图 1-10 所示。

4．点火线圈的工作原理

当初级线圈接通电源时，随着电流的增长，四周产生一个很强的磁场，铁心储存了磁场能；当开关装置使初级线圈电路断开时，初级线圈的磁场迅速衰减，次级线圈就会感应出很高的电压。初级线圈的磁场消失速度越快，电流断开瞬间的电流越大，两个线圈的匝比越大，则次级线圈感应出来的电压越高，点火线圈实际上就是一个变压器。

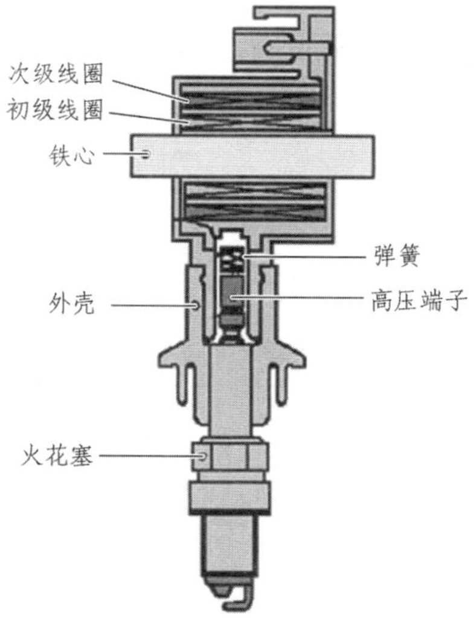

图 1-10　点火线圈结构

5．点火线圈的检查

（1）点火线圈过热：点火线圈表面温度大于 95 °C，说明点火线圈内部短路，必须更换。

（2）点火线圈过冷：启动时点火线圈表面温度和环境温度相等，说明点火线圈内部断路，必须更换。

注意：在热车状态下，严禁用冷水冲洗发动机。

任务二　燃油排气部件检查保养

知识目标

- 1. 了解燃油系统的功用和组成；
- 2. 了解排气系统的功用和组成；
- 3. 了解燃油滤清器更换安全注意事项。

技能目标

- 1. 能进行燃油管路泄漏检查；
- 2. 能对燃油滤清器进行检查、清洁和更换；
- 3. 能进行排气管及吊耳检查。

燃油供给系统由燃油供给装置、空气供给装置、可燃混合器形成装置、废气排放装置等组成。其中，燃油供给装置由油箱、燃油泵、燃油滤清器、油管、燃油压力调节器等组成；废气排放装置由排气歧管、排气管、三元催化器、排气温度传感器、消声器等组成。下面介绍部分部件如何检查和保养。

一、燃油滤清器检查、清洁和更换

1．燃油滤清器的功用

燃油滤清器（见图 1-11）的功用是滤除燃油中的有害颗粒和水分，以保护燃油泵、喷油嘴、气缸套、活塞环等，减少机械磨损，避免堵塞，确保发动机稳定运行，提高发动机运行可靠性。燃油滤清器的安装位置如图 1-12 所示。

图 1-11　燃油滤清器

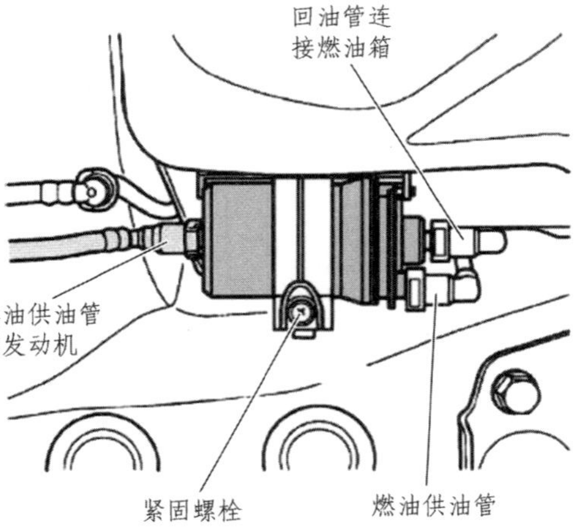

图 1-12　燃油滤清器的安装位置

2．燃油滤清器的分类

燃油滤清器有柴油滤清器、汽油滤清器和天然气滤清器三类，本书主要介绍汽油滤清器。

3．燃油滤清器的保养内容

燃油滤清器的检查、清洁和更换，保养周期详见附表。

4．燃油滤清器更换注意事项

（1）燃油滤清器上有箭头标记表示燃油的流动方向，接头不要装反；

（2）燃油流动方向在滤清器壳体上用箭头标出；

（3）滤清器壳体上的销钉必须嵌入滤清器支架上导向件的凹口中；

（4）启动发动机，检查燃油滤清器接头处是否泄漏。

二、燃油管路及燃油箱的泄漏检查

1．燃油管路及燃油箱的功用

燃油管路主要用来输送燃油，并承受一定的压力；燃油箱主要用于储存燃油。

2．燃油管路及燃油箱的保养内容

燃油管路及燃油箱在车身底部（见图 1-13），容易受异物撞击而变形，甚至渗漏，使燃油供应不畅，所以燃油管路及燃油箱需定期检查。

（1）检查发动机舱内燃油管路（见图 1-14）连接是否可靠，有无渗漏情况（注意：检查时注意安全，避免触及发动机皮带盘等旋转件）。

图 1-13　车身底部燃油管路

图 1-14　机舱内燃油管路

（2）检查燃油管路及燃油箱是否凹陷、变形，如有凹陷、变形需更换。

（3）检查燃油管接头是否有渗漏、脱落现象。

三、排气系统检查

1．排气系统的功用

汽车排气系统主要是排放发动机工作所排出的废气，同时使排出的废气污染减小，噪声减小。

2．排气系统的分类

排气系统可分为单排气系统和双排气系统（见图 1-15）两种。

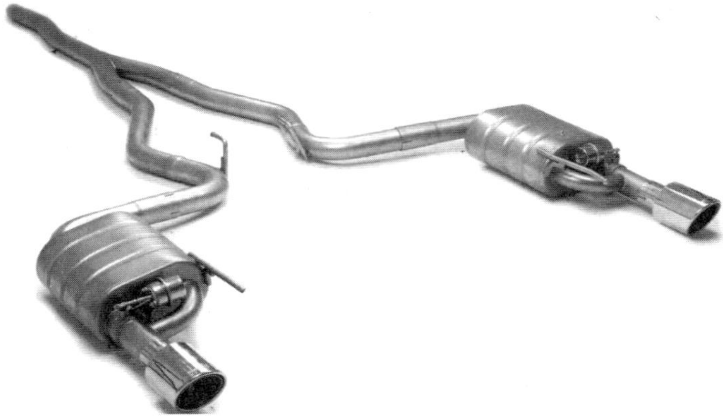

图 1-15　双排气系统实物图

3．排气系统的组成

汽车排气系统一般由排气歧管、排气管、三元催化器、排气温度传感器、消声器和排气尾管等组成，如图 1-16 所示。

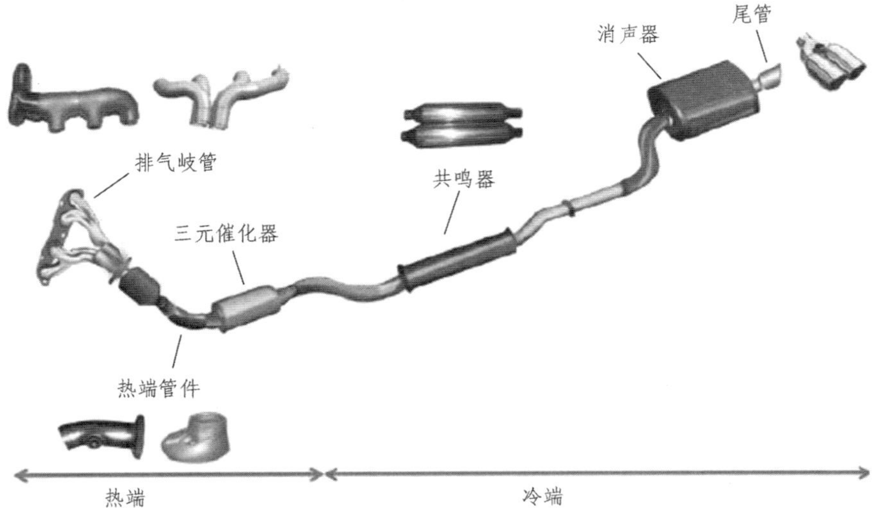

图 1-16　排气管结构

4．排气系统检查内容

检查排气歧管、排气管、催化转换器、汽车消声器、排气尾管和隔热板的完整性；检查排气歧管、排气管、催化转换器、汽车消声器和排气尾管是否腐蚀、损坏、漏气；检查吊耳、接头是否松动。

5．三元催化器损坏的危害

（1）尾气排放超标；

（2）油耗增加；

（3）排气不畅，动力下降；

（4）发动机抖动，故障灯亮，经常熄火。

6．排气系统损坏的危害

（1）产生火星，易引起火灾；

（2）产生噪声污染。

任务三　发动机总成的拆卸吊装

知识目标

- 1. 了解发动机总成吊装所需的工具及器材；
- 2. 了解发动机总成吊装前各种油液的排放方法；
- 3. 掌握发动机总成吊装的流程及安全措施。

技能目标

- 1. 能正确选用发动机总成吊装工具；
- 2. 能对燃油系统卸压；
- 3. 能排空发动机冷却液；
- 4. 能排空发动机机油；
- 5. 能排空手动传动桥油；
- 6. 能排空无级变速传动桥油；
- 7. 能根据维修手册完成发动机总成的吊装。

汽车发动机总成是汽车的“心脏”，它是能量转换装置，为汽车提供动力。在发动机大修、汽车大梁校正、严重事故等情况下需要进行发动机总成吊装。

一、发动机总成吊装准备

发动机总成吊装准备任务主要是对发动机悬置进行检查、固定和各种油液的排放，下面主要对发动机悬置及各种油液的排放进行介绍。

1. 发动机悬置的功用

悬置系统是作为衔接动力总成和车身的部分，其主要功用是支撑动力总成、减少动力总成的震动对整车的影响、限制动力总成的抖动量，对整车 NVH（噪声、振动与声振粗糙度）性能起着非常大的作用。

2. 发动机悬置的种类

（1）三点式发动机悬置（见图 1-17）；

（2）四点式发动机悬置；

（3）摆动式发动机悬置。

图 1-17　三点式发动机悬置

3. 发动机悬置检查注意事项

（1）在操作开始前，检查所有的设备并备齐工具；

（2）实训过程要符合车辆维修的操作规程。

4. 发动机悬置检查操作流程

（1）工具准备；

（2）举升车辆；

（3）检查发动机前悬置（见图 1-18）是否松旷，胶套是否损坏；

（4）检查发动机后悬置（见图 1-19）是否正常，胶套是否损坏；

（5）放下车辆，拆卸回水壶固定螺栓，移开回水壶；

（6）使用卧式千斤顶托住发动机；

（7）拆卸空调管路卡子固定螺栓，取下卡子；

（8）拆卸发动机上悬置固定螺栓和螺母；

（9）取下并检查发动机上悬置有无异常；

（10）预装发动机上悬置固定螺栓；

（11）按照规定力矩紧固发动机上悬置所有固定螺栓；

（12）安装空调管路卡子固定螺栓，安装卡子；

（13）安装并紧固螺栓，放置冷却液回水壶。

图 1-18　发动机前悬置安装位置

图 1-19　发动机后悬置安装位置

5．发动机吊装的其他准备

1）释放燃油系统压力的方法

（1）关闭点火开关；

（2）拆卸燃油泵继电器或熔丝；

（3）启动发动机，使其处于怠速状态，由于管路中燃油压力下降，发动机运行不久后将会自动停止；

（4）再次启动发动机 2～3 次，利用启动喷射卸除油管中残余压力；

（5）关闭点火开关，装上燃油泵继电器或熔丝；

（6）使用诊断仪删除与燃油泵系统相关的故障码。

2）排空发动机冷却液的方法

（1）拉开发动机舱盖卡扣，打开发动机舱盖，然后支撑起支撑杆；

（2）将冷却液储液壶上面的盖子打开（一定要在冷态下操作，以免冷却液喷出伤人）；

（3）在散热器下部找到冷却液排放塞，拧开排放塞（冷态下操作）即可排放冷却液。

3）排空发动机机油的方法

（1）运转发动机，让其达到正常工作温度后停机，并取出机油尺；

（2）举升车辆，在油底壳下方准备好旧机油容器，拆下机油排放螺栓（不要接触到热油，以免烫伤）；

（3）将盛油的容器移到机油滤清器下方，使用机油滤清器扳手将滤清器拧松，再轻轻地将其拧下。

4）排空手动传动桥油的方法

（1）运转发动机，让其达到正常工作温度后停机；

（2）举升车辆，在变速器下方准备好旧油容器；

（3）拆下加油螺钉和放油螺钉，将手动变速器油（MTF）排净。

5）排空无级变速传动桥油的方法

（1）运转发动机，让其达到正常工作温度后停机，并取出油尺；

（2）举升车辆，在变速器下方准备好旧油容器；

（3）拆下排放塞（不要接触到热油，以免烫伤），将无级变速器油（CVTF）排净。

二、发动机总成吊装流程

发动机总成从车上吊下时，应待发动机完全冷却状态下进行，避免零部件的变形和二次损坏。

1．工具的准备

套筒，短接杆，棘轮扳手，指针式扭力扳手，尖嘴钳，一字、十字螺丝刀。

2．车辆的安全防护

（1）在操作开始前，检查所有的设备并备齐工具；

（2）实训过程要符合车辆维修的操作规程。

3．发动机总成吊装流程

发动机总成的吊装根据不同车型的维修手册具体步骤有所区别，但整体流程相同。

（1）将前轮对准正前位置并固定方向盘；

（2）回收制冷系统中的制冷剂；

（3）拆卸蓄电池，先断开蓄电池负极端子电缆，再断开正极端子电缆；

（4）燃油系统卸压；

（5）排空发动机冷却液；

（6）排空发动机机油；

（7）排空手动传动桥油（手动传动桥）或无级变速传动桥油（CVT）；

（8）拆卸电控部件线束；

（9）拆卸空调、燃油系统、冷却系统、进气系统管路及附件；

（10）举升车辆，拆卸元宝梁和半轴，拆卸三元催化器；

（11）下降车辆，用发动机托架支撑发动机，拆卸发动机前、后悬置及发动机上悬置等发动机总成与车身的各连接处（见图 1-20）；

（12）举升车辆，发动机总成即可与车身分离。

图 1-20　固定发动机悬置的螺栓

4．发动机总成吊装注意事项

带传动桥的发动机总成非常重，必须遵循维修手册操作流程，否则车辆在举升过程中会因重心的改变导致车身后翻掉落。

任务四　冷却系统部件检查保养

知识目标

- 1. 了解冰点测试仪的作用；
- 2. 了解冰点测试仪能够检测的项目；
- 3. 掌握检查冷却液液位的方法；
- 4. 掌握节温器的拆装和检查方法。

技能目标

- 1. 能进行冷却液冰点测量；
- 2. 能进行冷却液液位检查；
- 3. 能进行冷却系统泄漏检查；
- 4. 能进行冷却液排放和加注；
- 5. 能进行节温器的拆装和检查。

一、冷却系统概述

1．冷却系统的功用及组成

发动机冷却系统的主要功用是使工作中的发动机得到适度的冷却，并保持发动机在最适宜的温度状态下工作。按冷却介质分为水冷和风冷两种，水冷冷却系统被汽车广泛使用。水冷冷却系统由水泵、散热器、冷却风扇、节温器、补偿水桶（储液罐）、水套以及其他附属装置等组成，如图 1-21 所示。

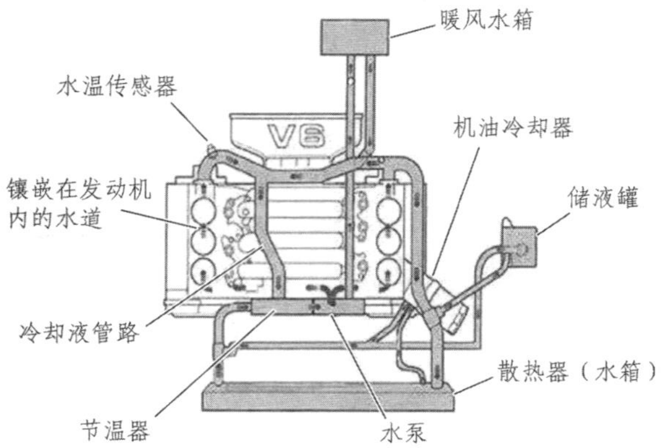

图 1-21　冷却系统结构

2．各零部件概述

1）水泵

水泵（见图 1-22）的作用是对冷却液加压，保证其在冷却系统中循环流动。水泵的故障通常为水封损坏造成漏液，轴承故障使转动不正常或出声。在出现发动机过热现象时，首先检查皮带是否松动或断裂。

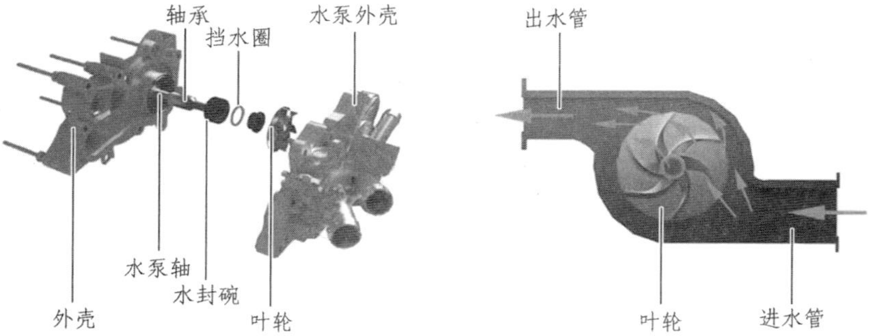

图 1-22　水泵

2）散热器及散热器盖

散热器发动机工作时，冷却液在散热器芯内流动，空气在散热器芯外通过，热的冷却液由于向空气散热而降温，散热器（见图 1-23）是一个热交换器。

图 1-23　散热器

散热器盖随着温度变化，冷却液会“热胀冷缩”，散热器因冷却液的膨胀而内压增大，内压增大到一定时，散热器盖压力阀开启，冷却液流到储液罐；当冷却液的温度降低，散热器盖真空阀开启，冷却液回流入散热器。

3）散热风扇

散热风扇（见图 1-24）用来协助散热器散热，风扇的启动由水温传感器或风扇离合器控制。

4）水温传感器

水温传感器是一个温度开关，当冷却液温度超出 90 °C，水温传感器将接通风扇电路。注意：如果循环正常，而温度升高时，风扇不转，需要检查水温传感器或散热风扇是否损坏。

5）补偿水箱

补偿水箱的作用是补充冷却液和缓冲“热胀冷缩”的变化，故冷却液不要加过满。注意：如果补偿水箱完全用空，就不能只在补偿水箱中加冷却液，需要开启散热器盖检查液面并添加冷却液。

6）节温器

节温器（见图 1-25）是控制冷却液流动路径的阀门，是一种自动调温装置，根据冷却液温度的高低自动调节进入散热器的水量，改变水的循环路线，以调节冷却系统的散热能力，保证发动机在合适的温度范围内工作。

图 1-24　散热风扇

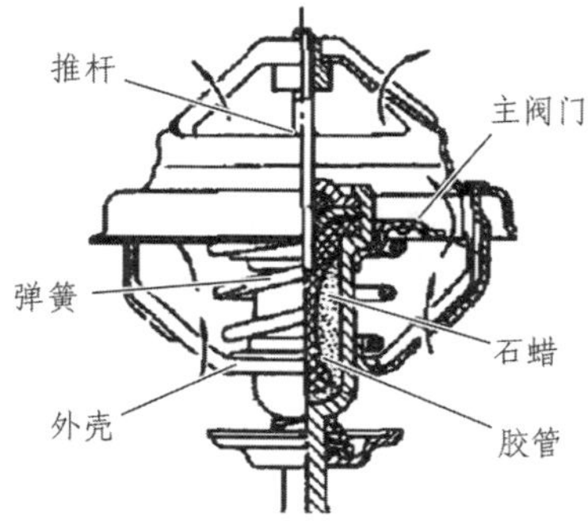

图 1-25　节温器结构

节温器在冷却液温度高于 80 °C 时开启，95 °C 时开度最大。节温器不能开启或开启不灵活，会使冷却液无法经过散热器循环，造成温度过高。节温器不能关闭，会使循环从开始就进入大循环，造成发动机不能尽快达到或无法达到正常工作温度。

7）冷却液

冷却液又称防冻液，是由防冻添加剂及防止金属产生锈蚀的添加剂和水组成的液体，具有防冻、冷却、防腐、防垢、防沸等性能。

冷却液在冬天起到防冻作用，防止冷却液结冰而导致胀裂散热器，冻坏发动机；在夏天冷却液起到冷却的作用，能够带走发动机的多余热量，以控制金属部件的温度，防止发动机开锅。

3．*冷却系统的循环路线*

冷却系统的循环路线是由节温器来控制的，根据发动机负荷大小和水温的高低自动改变冷却液的循环流动路线，以调节冷却系统的冷却强度。

（1）当发动机在正常热状态下工作时，即冷却液水温高于 80 °C，节温器主阀门打开通往散热器的通道，同时关闭通往水泵的旁通管，冷却液全部流经散热器，形成大循环，如图 1-26 所示。

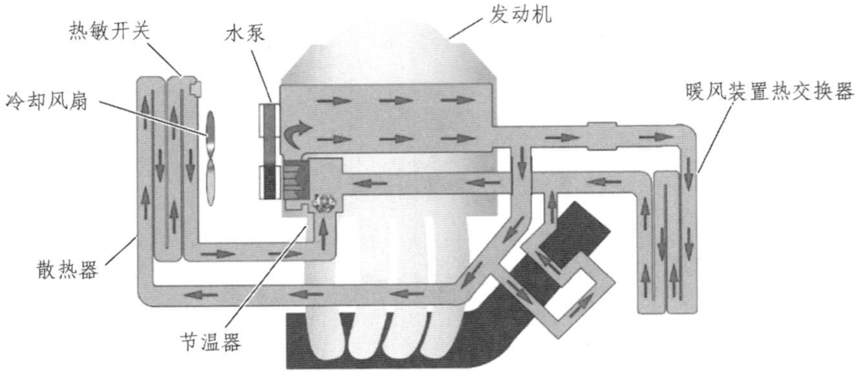

图 1-26　冷却系统大循环

（2）当冷却液水温低于 70 °C 时，节温器主阀门关闭通往散热器的通道，同时打开通往水泵的旁通管，水套内的冷却液只能经旁通管进入水泵，又被水泵压入发动机水套，此时冷却水并不流经散热器，只在水套与水泵之间进行小循环（见图 1-27），从而防止发动机过冷。

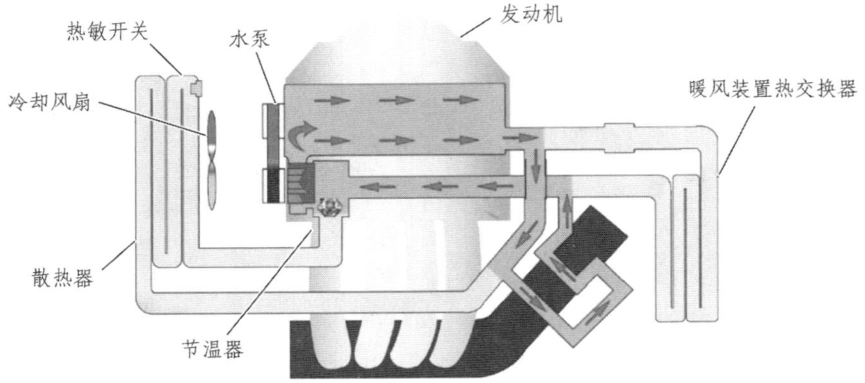

图 1-27　冷却系统小循环

（3）当发动机的冷却液水温在 70 ~ 80 °C 范围内，通往散热器的通道和通往水泵的旁通管均处于半开闭状态，此时一部分水进行大循环，而另一部分水进行小循环，此时为混合循环。

二、冷却液冰点量测

1．冰点测试仪的作用

冰点测试仪（见图 1-28）是一个密度计，用来检测蓄电池电解液的密度、冷却液的冰点、挡风玻璃清洗液的冰点等。

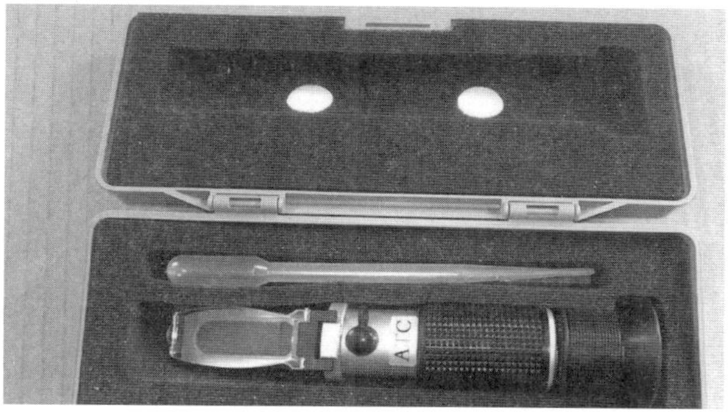

图 1-28　冰点测试仪

2. 冰点测试仪的使用

下面以检测冷却液冰点为例，介绍冰点检测仪的使用方法。

（1）测量之前，取蒸馏水进行清洁和校准。

（2）测量冷却液冰点时，取少许冷却液涂于冰点测试仪观测口上（见图 1-29）。

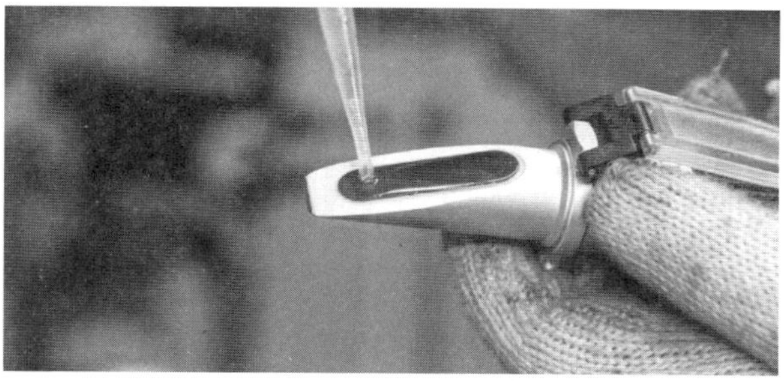

图 1-29　检测冷却液冰点

（3）用眼睛直接观测冰点测试仪，在观测口中将显示冷却液冰点（见图 1-30 和图 1-31）。

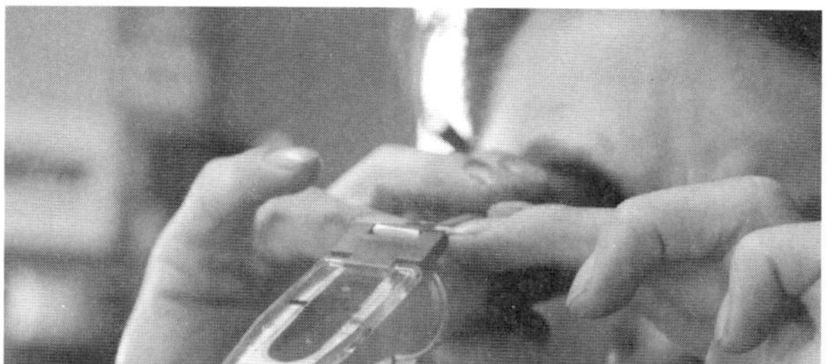

图 1-30　读取测量值

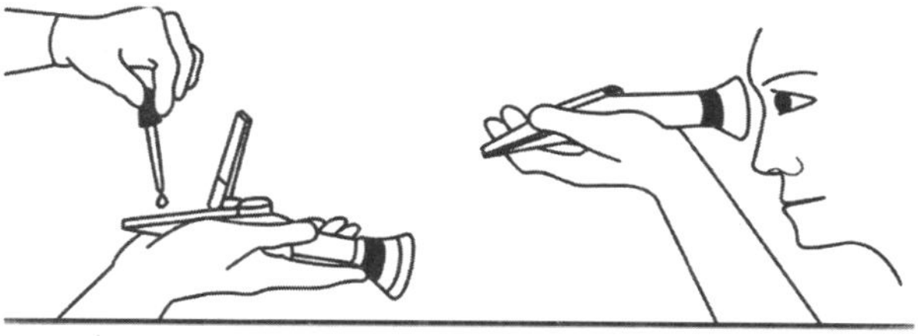

图 1-31　操作示范

（4）观测口中有明显的蓝白分界线，上部为蓝色，下部为白色，分界线对应的刻度即为测量的结果。图 1-32 所示冷却液的冰点为 –20 ℃。

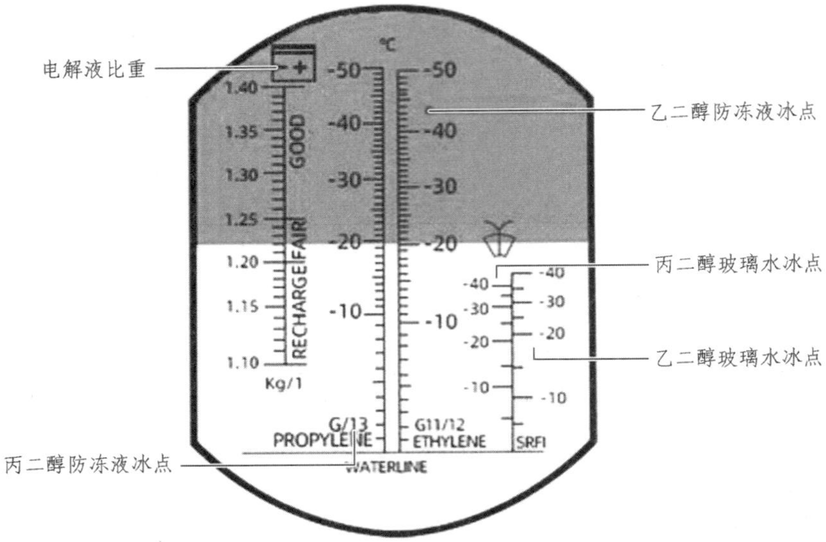

	测试范围	分辨率	标记
电解液比重	1.10~1.40	0.01	自动温补功能
防冻液冰点	-50~0℃	1℃	自动温补功能
玻璃水冰点	-40~0℃	5℃	自动温补功能

图 1-32　冰点测试仪使用说明

3．冰点测试仪使用注意事项

（1）注意不要将电解液等液体滴在衣物或皮肤上，因为电解液为稀硫酸溶液，有很强的腐蚀性。

（2）冰点测试仪使用前必须清洁、校准，使用完毕后必须清洁干净，保存于干净的容器内。

（3）清洁冰点测试仪使用的纸巾、棉纱等不可再用作其他物品的清洁，要及时处理掉。

三、冷却液液位检查

冷却液的量若不足，则会导致发动机散热不足，造成发动机过热。若冷却液不够时应及时添加，确保发动机不出现过热。

为满足冷却系统的工作要求，冷却液的量必须合适，可通过液面高度进行判断，因此，应定期对液面高度进行检查。其检查方法如下：

（1）对于装有膨胀罐的冷却系统，半透明塑料膨胀罐上标有 max（最高）、min（最低）标记，可直接检查。在发动机冷态时，其中的冷却液液面必须处于 max（最高）和 min（最低）两标记之间，当发动机达到热态时，液面可略高于 max（最高）标记（见图 1-33）。

（2）对于没有膨胀罐的冷却系统，需打开散热器盖进行检视。

图 1-33 冷却液膨胀罐及液位标记

（3）最好选择发动机冷态时进行，若发动机为热态，散热器中会有一定的压力，直接打开散热器盖会导致冷却液喷出而烫伤，所以一定要等到温度下降后检查。

四、冷却系统泄漏检查和冷却液更换

1．冷却系统泄漏检查

检查冷却系统泄漏，可以用眼观察，检查冷却系统各管接口是否有冷却液外漏的迹象。着重检查各管接口、节温器处、储液罐、水泵结合处、散热器及散热器盖等部位是否有渗漏防冻液的迹象。

检查冷却系统是否有冷却液泄漏，除了用眼观察外，还可以用压力法进行更有效的测试，方法如下：

（1）拆下散热器盖，然后安装散热器盖检测仪；

（2）使发动机暖机；

（3）加压散热器盖检测仪至 108 kPa，检查并确认压力不下降，如果压力下降，则检查软管、散热器总成和发动机水泵总成是否泄漏，如果没有发现发动机冷却液外部泄漏的迹象，则检查散热器芯、气缸体和气缸盖；

（4）拆下散热器盖检测仪，安装散热器盖（见图 1-34）；

*a—散热器盖检测仪。

图 1-34 检测散热器盖

2．冷却液的更换

1）排空发动机冷却液

（1）拆下储液罐盖；

（2）松开散热器放水螺塞，然后排空发动机冷却液（见图 1-35）。

提示：将发动机冷却液收集到容器中，根据所在地区的法规进行报废处理。

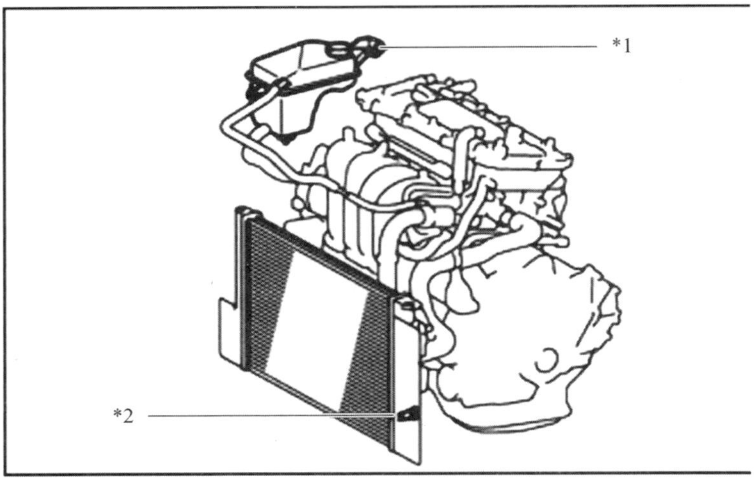

*1—储液罐盖；*2—散热器放水螺塞。

图 1-35 储液罐与散热器放水螺塞

2）加注发动机冷却液

（1）用手紧固散热器放水螺塞；

（2）加注发动机冷却液至散热器储液罐 max（最高）标记；

（3）安装储液罐盖，安装时需小心，尽可能紧固储液罐盖；

（4）对冷却系统进行放气，如果发动机冷却液液位过低，则加注发动机冷却液。

3．注意事项

在冷却系统泄漏检查和冷却液加注、排放过程中，发动机和散热器总成很热时，不要拆下散热器盖、储液罐盖、散热器放水螺塞等部件，高温高压的冷却液和蒸气会喷射出来，并导致烫伤。

五、冷却系统部件常见故障

1．发动机温度过热现象的诊断与排除

1）故障原因与分析

（1）散热器通风不良，如泥浆或絮状物进入散热片等；

（2）散热器风扇皮带打滑或风扇叶片损坏、角度不当等；

（3）散热器回水管被吸瘪变形，严重影响了冷却系统工作时的回水量；

（4）散热器芯管阻塞或散热片倒伏过多，使冷却液流通不畅或通风不畅；

（5）节温器损坏，使大循环阀门不能按规定的温度打开或开度不够；

（6）电子控制风扇的温度控制开关工作不良，从而使风扇不能旋转或风扇电动机启动过晚；

（7）发动机水套内以及散热器内水垢过多。

2）诊断与排除方法

先检查散热器通风情况，若通风良好，再检查风扇皮带松紧度。松紧度用大拇指以一定的力压皮带，其挠度应在 10～15 mm 范围内为宜。若压下的距离过大，则说明风扇皮带太松，应松开发电机活动支架进行调整。

检查风扇叶片有无变形、折断或角度是否正确。若叶片已经变形，可用专用工具夹住叶片头部适当折弯矫正，必要时需更换新风扇。

检查散热器和发动机各部位的温度是否均匀。

2. 发动机水温过低现象的诊断与排除

1）故障原因与分析

（1）汽车的保温防护措施过差，使发动机温度难以得到提高；

（2）节温器损坏，使小循环阀门不能按要求打开，大循环阀门也一直处于不能打开状态，破坏了发动机原有的设计要求；

（3）电子控制风扇的温度控制开关工作不良，从而使风扇在未达到正常温度时过早旋转；

（4）风扇离合器不能正常工作，风扇高速旋转使冷却风量过大。

2）诊断与排除方法

（1）检查保温防护措施是否可靠；

（2）风扇转速是否过高；

（3）节温器工作是否正常。

3. 冷却液消耗量异常

1）故障原因

（1）冷却系统外渗漏；

（2）冷却系统内渗漏；

（3）散热器盖有故障；

（4）冷却系统水垢过多或堵塞，系统循环不良。

2）诊断与排除

（1）检查冷却系统各个部件及连接部分有无渗漏；

（2）检查散热器是否密封；

（3）检查系统有无内渗漏。

4. 冷却系统主要部件的检修

（1）节温器的检查。

① 车上检查：根据发动机启动后冷却液的变化情况进行判定。

② 拆下检查。

（2）水泵的检查：检查漏水、腐蚀、水封漏水、轴承松旷和循环水量不足等问题。

（3）电控风扇温度控制开关的检查。

（4）电控风扇继电器的检查。

（5）风扇电动机的检查。

（6）风扇皮带的检查与调整。

任务五　润滑系统部件检查保养

知识目标

◆ 1. 了解润滑系统的组成及功用；

◆ 2. 了解润滑油牌号的表示方法及含义；

◆ 3. 掌握润滑油泄漏的检查方法；

◆ 4. 掌握润滑油及滤清器更换方法。

技能目标

◆ 1. 能进行润滑油油位和油质检查；

◆ 2. 能进行润滑油泄漏检查；

◆ 3. 能进行润滑油及滤清器更换。

一、润滑系统概述

1. 润滑系统的功用及组成

1）功用

发动机工作时，各运动零件均以一定的力作用在另一个零件上，很多传动零件都是在很小的间隙下做高速相对运动，有了相对运动，零件表面必然要产生摩擦，加速磨损。为了减轻机件磨损，减小摩擦阻力，降低功率消耗，提高发动机工作可靠性和延长使用寿命，发动机上都必须有润滑系统（见图 1-36）。润滑系统的功用就是在发动机工作时连续不断地把数量足够、温度适当的洁净机油输送到各个运动部件的摩擦表面，并在摩擦表面之间形成油膜，实现液体摩擦。

2）润滑方式

根据发动机中传动件的相对运动速度及负荷不同，润滑方式有飞溅润滑、定期润滑、压力润滑三种。飞溅润滑是利用发动机工作时，曲轴和凸轮轴等运动零件旋转时飞溅起来的或从连杆大头上设的油孔喷出的油滴，对摩擦表面实行润滑的方式；定期润滑是采用润滑脂定期加注的方式进行润滑；压力润滑是利用机油泵将一定压力的润滑油输送到零件的摩擦表面，形成具有一定厚度并能承受一定机械负荷的油膜，实现可靠的润滑。

3）组成

润滑系统由油底壳、集滤器、机油泵、机油滤器、限压阀、主油道、机油压力传感器和机油冷却器等组成。

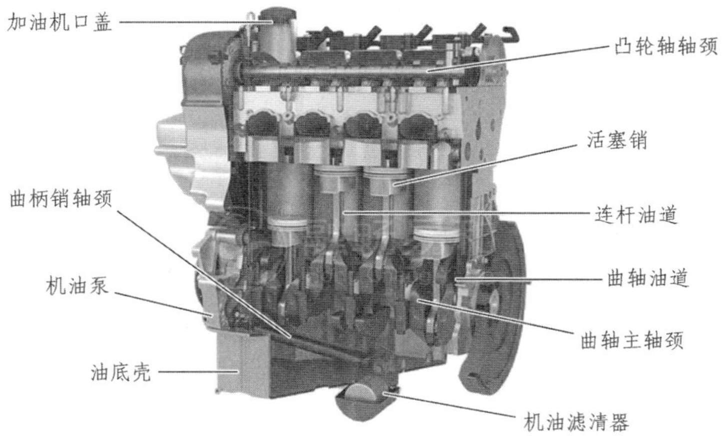

图 1-36　润滑系统构造

2．润滑系统主要部件

1）油底壳

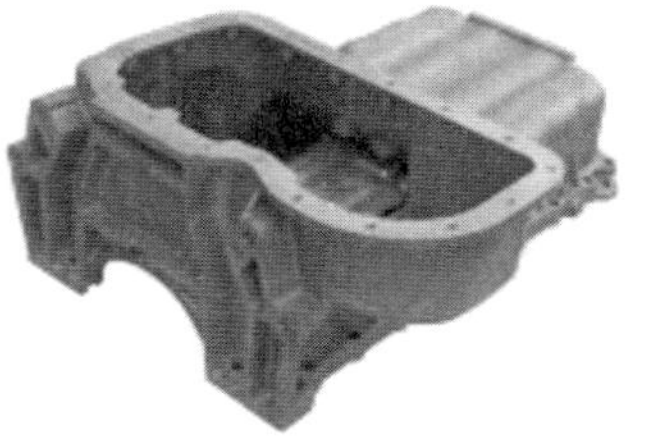

图 1-37　油底壳

油底壳（见图 1-37）用来储存润滑油，同时起到为润滑油散热的作用。

2）机油集滤器

机油集滤器多为滤网式，能滤掉润滑油中粒度大的杂质，其流动阻力小，串联安装于机油泵进油口之前。

3）机油泵

机油泵（见图 1-38）的作用是将一定量的润滑油从油底壳中抽出加压后，源源不断地送至各零件表面进行润滑，保证润滑油在润滑系统中进行循环。机油泵大多装于曲轴箱内，机油泵采用齿轮或链条驱动，通过曲轴来驱动。

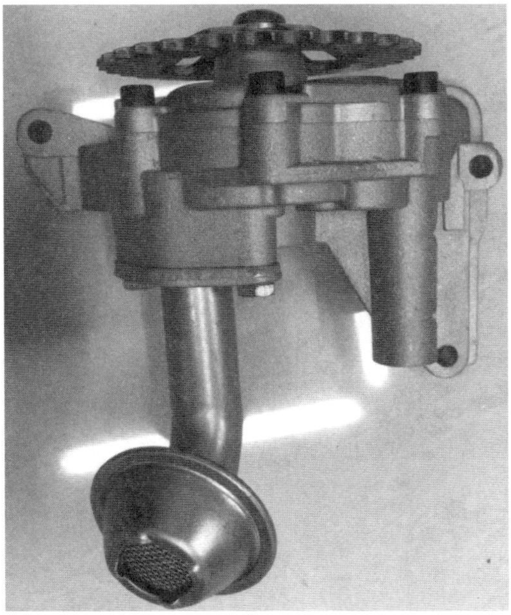

图 1-38　机油泵及集滤器

4）机油滤清器

机油滤清器（见图 1-39）用来过滤掉润滑油中的杂质、磨屑、油泥及水分等杂物，使送到各润滑部位的润滑油都是清洁的。

图 1-39　机油滤清器

5）主油道

主油道是润滑系统的重要组成部分，直接在缸体与缸盖上铸出，用来向各润滑部位输送润滑油。

6）限压阀

限压阀的作用是在机油泵输出的润滑油压力过高时泄压，以维持主油道内的正常油压。

3．机油的功用

润滑油也称机油，其功用有以下几种。

1）润滑作用

机油在运动零件的所有摩擦表面之间形成连续的油膜，以减小零件之间的摩擦，起到润滑的作用。

2）冷却作用

机油在循环过程中流过零件工作表面，可以带走部分热量，降低零件的温度。

3）清洗作用

机油可以带走摩擦表面产生的金属碎末及冲洗掉沉积在气缸、活塞、活塞环及其他零件上的积炭，达到清洗的作用。

4）密封作用

附着在气缸壁、活塞及活塞环上的油膜，可起到密封、防漏的作用。

5）防锈作用

机油有防止零件发生氧化和锈蚀的作用。

6）减振作用

机油能承受冲击负荷，起到缓冲减振的作用。

4．机油的使用特性及牌号

汽车发动机机油在润滑系统内循环流动，机油的工作条件十分恶劣。在循环过程中，机油与高温的金属壁面及空气接触，不断氧化变质；窜入曲轴箱内的燃油蒸气、废气以及金属磨屑和积炭等，使机油受到严重污染；机油的工作温度变化范围很大，在发动机正常运转时，曲轴箱中机油的平均温度可达 95 °C 或更高，还与 180 ~ 300 °C 的高温零件接触。

1）适当的黏度

机油黏度对发动机的工作有很大的影响。黏度过小，在高温、高压下容易从摩擦表面流失，不能形成足够厚度的油膜；黏度过大，冷启动困难，机油不能被泵送到摩擦表面。机油的黏度随温度而变化，温度升高，黏度减小；温度降低，黏度增大。

2）优异的氧化安定性

氧化安定性是指机油抵抗氧化作用不使其性质发生永久变化的能力。当机油在使用与储存过程中与空气中的氧气接触而发生氧化作用时，机油的颜色变暗，黏度增加，酸性增大，并产生胶状沉积物。氧化变质的机油将腐蚀发动机零件，甚至破坏发动机的正常工作。

3）良好的防腐性

机油在使用过程中不可避免地被氧化而生成各种有机酸，这类酸性物质对金属零件有腐蚀作用。

4）较低的起泡性

由于机油在润滑系统中快速循环和飞溅，会产生泡沫。如果泡沫太多，或泡沫不能迅速消除，将造成摩擦表面供油不足。控制泡沫生成的方法，是在机油中添加泡沫抑制剂。

5）机油的牌号含义及选用

机油的牌号分为质量等级牌号和黏度等级牌号两类，质量等级牌号表示性能的优劣程度，黏度等级牌号表示使用的环境温度。

（1）机油质量等级牌号使用两个字母组合表示。如 API SL：英文 API 是美国石油学会，“S”开头系列代表汽油发动机机油，一般规格依次由 SA 至 SN（无 SI），每递增一个字母，机油的性能都会优于前一种，字母越靠后，质量等级越高；“C”开头系列则代表柴油发动机机油，规格依次由 CA 至 CN（无 CI）。若 S 和 C 两个字母同时存在，则表示为汽、柴通用型机油。

（2）机油黏度等级牌号使用字母加数字组合表示。如 SAE 5W/30：英文 SAE 是美国汽车工程师协会的缩写，符号 W 代表冬季，是 Winter（冬天）的缩写。字母前面的数字越小，说明机油的低温流动性越好，代表可供使用的环境温度越低，在冷启动时对发动机的保护能力越好；字母后面的数字则是机油耐高温性的指标，数值越大，说明机油在高温下的保护性能越好。冬季用润滑油牌号分别为：0W、5W、10W、15W、20W、25W；夏季用润滑油牌号分别为：20、30、40、50；冬夏通用润滑油牌号分别为：5W/20、5W/30、5W/40、5W/50、10W/20、10W/30、10W/40、10W/50、15W/20、15W/30、15W/40、15W/50、20W/20、20W/30、20W/40、20W/50。

（3）机油的选用。首先选择合适的质量等级，然后选择需要的黏度等级。选择质量等级的依据是内燃机工作条件的苛刻程度、技术程度、机油容量与压缩比、燃料性质等；选择黏度等级主要依据当地的环境温度进行选用，一般比最低环境温度低 5℃，比最高温度高 5℃为宜，5W/30、5W/40、10W/30、10W/40 是比较常用的几个牌号。

二、润滑油油位和油质检查

1．检查机油油位

（1）把车停放靠在平坦安全地面，使发动机暖机，然后停止发动机并等待 5 min；

（2）拔出机油尺，用干净布擦净后再插回原处；

（3）再次拔出油尺，读出油位，机油油面高度需在 b 的位置。

注意：加注发动机机油时，不可超过标记 a，否则应抽出多余的机油至位置 b；不可低于标记 c，否则应加注机油至位置 b（见图 1-40）。

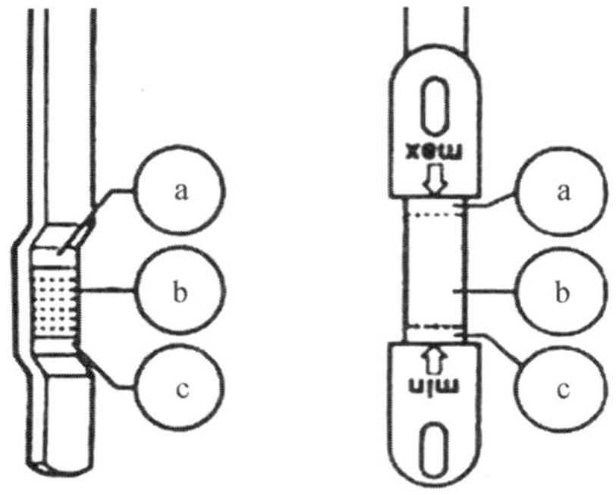

图 1-40　机油尺的标记

2．机油油质的检查

1）看外观

（1）油样呈乳白色或呈雾状，表明机油进了水；

（2）油样变为灰色，可能被汽油所污染；

（2）变为黑色，可能是燃料不完全燃烧的产物所引起。

2）闻气味

（1）出现刺激性气味，表明机油被高温氧化；

（2）很重的燃油味，表明被燃油严重稀释（用过的机油少量有燃油味是正常现象）。

3）油滴斑点试验

取一滴机油滴到滤纸上，观察斑点的变化情况。

（1）机油迅速扩散，中间无沉积物，表明机油正常；

（2）机油扩散慢，中间出现沉积物，表明机油已变脏，应及时更换。

3．机油不足和变质的危害

机油油液不足将使各零件表面润滑不良，增大摩擦阻力，加剧零件的磨损。严重的润滑不良将会造成发动机过热，并导致主要运动零件机械故障，影响发动机的使用寿命。变质的机油不能有效地润滑和清洁发动机的所有零件，这将导致发动机运行过程中零件的磨损加剧，也会影响发动机的使用寿命。

三、润滑油泄漏检查

行车中，若发现因机油量不足造成发动机机油压力过低，应停车检查是否有机油泄漏现象，须查明泄漏原因（见图 1-41）。

图 1-41　机油压力指示灯

机油泄漏的检查区域：

（1）油底壳与缸体配合面；

（2）机油放油塞与油底壳配合面（见图 1-42）；

图 1-42　油底壳及机油放油塞

（3）油压开关（见图 1-43）与缸体配合面；

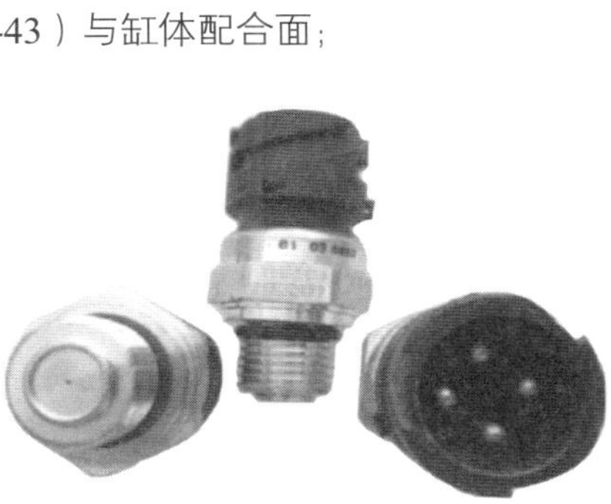

图 1-43　油压开关

（4）机油滤清器（见图 1-44）与缸体配合面；

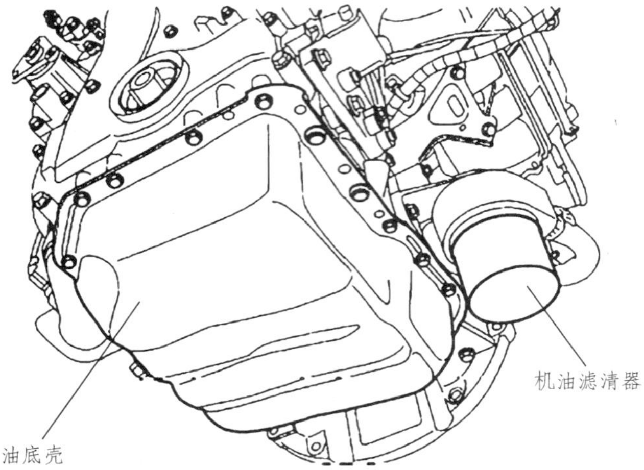

图 1-44　机油滤清器

（5）检查气门室罩盖与气缸盖配合面（见图 1-45）；

（6）检查缸体与气缸盖的配合面；

（7）检查前后曲轴油封。

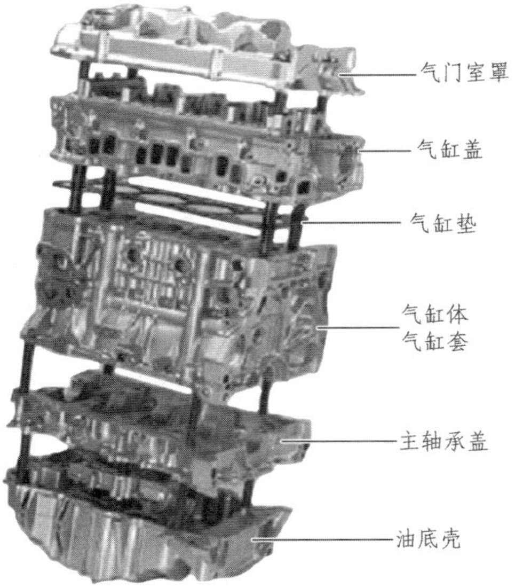

图 1-45　发动机主体结构

四、润滑油及滤清器更换

1．不定期更换的危害

机油作为发动机的润滑剂，对保障发动机的正常工作尤为重要。而机油滤清器的作用是滤出机油中的磨屑、机械杂质和机油氧化物。如果这些杂质随机油一起进入润滑系统，将加剧发动机零部件的磨损，可能堵塞油管或油道。其危害主要有：动力降低、燃油经济性恶化、发动机老化或故障。

2．更换周期

根据不同的车型和所用机油型号不同有所区别，更换周期为 5 000 km 或 6 个月（先到条件为准），半合成机油 7 500 km 或 9 个月（先到条件为准），全合成机油 10 000 km 或 12 个月（先到条件为准）。

3．更换步骤

1）工具准备

机油、机油滤清器、预置式扭力扳手、大号棘轮扳手、套筒、手电筒、记号笔、滤清器拆卸工具、废油回收桶、漏斗等。

2）更换准备

将车辆停驶在水平地面上，启动发动机使其升温至正常温度，关闭发动机等待 5 min 使机油慢慢流回油底壳。

3）排放机油

将发动机气缸盖罩盖上的机油加注口盖拧开，拔出机油尺，举升车辆，拆卸油底壳上的放油螺栓，将机油排入废油回收桶（见图 1-46）。

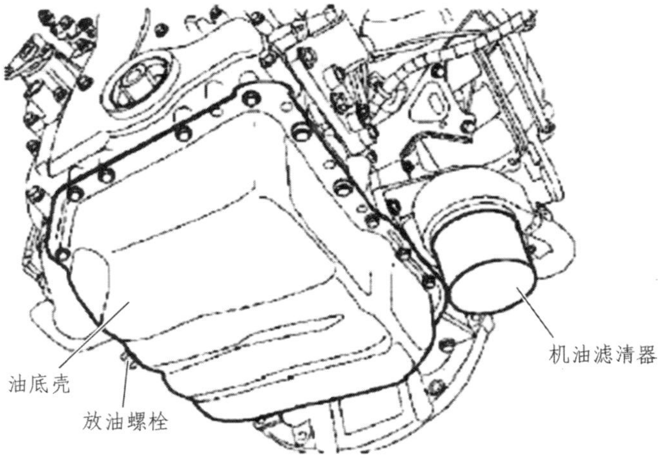

图 1-46　放油螺栓及机油滤清器

4）取下机油滤清器

用机油滤清器扳手将机油滤清器旋松，用废油回收桶收集废机油，以免滴落地面。

5）安装机油滤清器

安装机油滤清器之前在机油滤清器 O 形圈上涂抹机油，然后将机油滤清器轻轻地拧紧到位，保证机油滤清器的衬垫接触座圈，再用预置式扭力扳手按照规定力矩旋紧机油滤清器。

6）安装机油放油螺栓

待发动机机油完全放出，机油排放口再没有机油滴出后，将放油螺栓装回并按照规定力矩拧紧。

7）加注机油

降下车辆，安装机油尺，按规定机油量加注新机油并安装机油加注口盖。

注意：加注机油时可用漏斗，不要将机油滴漏在发动机上。

8）检查机油加注量

机油加注量应在 a 和 c 之间的 b 位置，检查机油油位的方法前面已讲述。启动发动机使其升温至正常温度，关闭发动机等待 5 min 使机油慢慢流回油底壳，再次检查机油量。

9）再次渗漏检查

举升车辆，检查油底壳螺栓及机油滤清器，确定无渗油现象。

10）保养里程复位

（1）点火开关转到“ON”再转回到“OFF”；

（2）按住组合仪表上的复位按钮并保持不放；

（3）点火开关转到“ON”，仪表盘的字符闪烁或者整个显示屏闪烁；

（4）继续保持按压按键，这时仪表盘就会出现省略号；

（5）释放按键，保养灯复位操作完成。

项目二　自动变速箱功能检查保养

任务一　自动液压系统检查保养

知识目标

- 1. 了解自动变速器的结构和工作原理；
- 2. 了解自动变速器油液知识；
- 3. 掌握自动变速器油液检查和更换的方法；
- 4. 掌握解自动变速器滤清器更换和清洗的方法。

技能目标

- 1. 能进行自动变速器油液检查和更换；
- 2. 能进行自动变速器滤清器更换和清洗；
- 3. 能进行自动变速器壳体密封件检查。

自动变速器（Automatic Transmission，AT），是相对于手动变速器而出现的一种能够根据汽车车速和发动机转速来进行自动换挡操纵的变速装置。

一、自动变速器概述

1．自动变速器的功用

（1）实现变速、变扭、变向和中断动力。

（2）汽车起步更加平稳，能吸收和衰减振动与冲击，从而提高了乘坐的舒适性。

（3）能以很低的车速稳定行驶，以提高车辆在坏路面上的通过性。

（4）能自动适应行驶阻力的变化，在一定范围内进行无级变速，有利于提高汽车的动力性和平均车速。

与手动变速器相比，自动变速器具有以下特点：

（1）操作简单。

（2）机件磨损减少，使用寿命延长。

（3）汽车行驶平顺性好。

（4）结构复杂，造价高，成本高。

2．自动变速器的分类

根据工作原理的不同，目前汽车中常见的自动变速器有四种型式。

（1）液力自动变速器（Automatic Transmission，AT）。

（2）机械式无级自动变速器（Continuously Variable Transmission，CVT）。

（3）电控机械自动变速器（Automated Manual Transmission，AMT）。

（4）双离合器自动变速器（Dual-clutch transmission，DCT）。

根据驱动方式的不同，自动变速器又可分为前置后驱型和前置前驱型。

3．自动变速器的结构组成

1）液力自动变速器

液力自动变速器（见图 2-1）通过液力传动和行星齿轮组合的方式来实现自动变速，一般由液力变矩器、行星齿轮机构、换挡执行机构、换挡控制系统、换挡操纵机构等装置组成。

图 2-1　液力自动变速器

2）机械式无级自动变速器

机械式无级自动变速器（见图 2-2）的特点是变速比不是间断的点，而是一系列连续的值，从而能更好地协调车辆外界行驶条件与发动机负载，可充分发挥发动机潜力，提高整车燃料的经济性，它使汽车具有没有漏洞的牵引性能，从而显著地提高整车性能。目前多采用钢带或链条传动方式进行动力传递。

图 2-2　机械式无级自动变速器

3）电控机械自动变速器

在机械变速器总体传动结构不变的情况下，通过加装微机控制的自动操纵系统来实现换挡的自动化。因此，AMT 实际上是由一个自动换挡系统来完成操作离合器和选、换挡的工作过程（见图 2-3）。

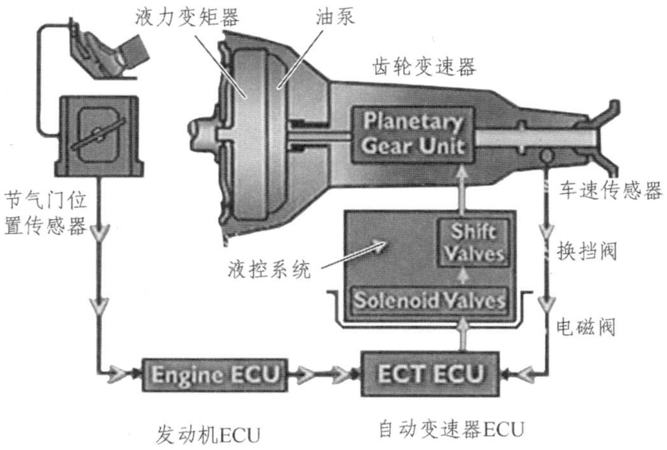

图 2-3　电控机械自动变速器

4）双离合器自动变速器

双离合器自动变速器（见图 2-4）采用两套离合器，通过两套离合器的相互交替工作，来达到无间隙换挡的效果。DCT 综合了 AT 和 AMT 的优点，传动效率高、结构简单、生产成本较低，不仅保证了汽车的动力性和经济性，而且极大地改善了汽车运行的舒适性。

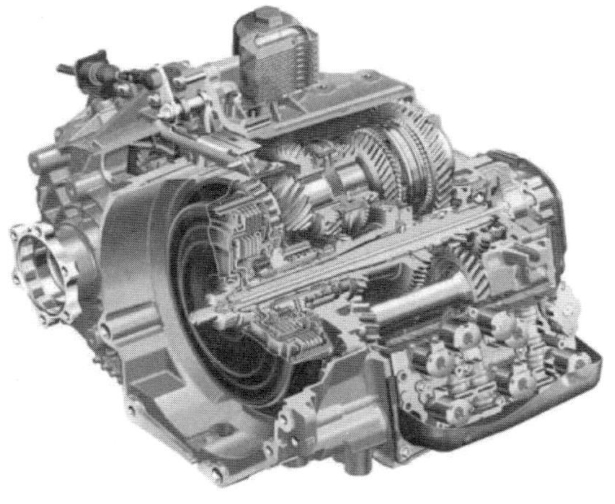

图 2-4　双离合器自动变速器

4．液力自动变速器的工作原理

液力变矩器位于液力自动变速器最前端，安装在发动机的飞轮上，其作用与汽车中的离合器相似，并能根据汽车行驶阻力的变化，在一定范围内自动、无级改变传动比和转矩比，具有一定的减速增矩功能。

行星齿轮机构由行星齿轮组、离合器、制动器和单向离合器等执行元件组成。行星齿轮组通常由多个行星排组成，通过对不同行星齿轮部件进行约束，实现不同传动比，从而实现变速、变扭、变向、中断动力等功能。

5. 自动变速器检查保养内容

（1）自动变速器油的油质检查、液位检查和油液更换。

（2）自动变速器壳体密封件的检查与更换。

6. 变速器检查保养注意事项

（1）注意自动变速器油的品牌、型号、油液位置。

（2）在检查自动变速器油前，需将车辆运转一定时间，使油温升高一些。

（3）注意变速器壳体密封部位泄漏情况。

（4）参考维修手册，注意放油螺栓和加油螺栓拧紧力矩要求。

二、自动变速器油液知识

1. 自动变速器油的功用

自动变速器油（见图 2-5），简称 ATF。它的主要功能是传递能量和保护变速器。

（1）传递能量，通过液力变矩器将发动机动力传递给变速器。

（2）作为压力传递介质。

（3）冷却作用，将变速器中的热量带出，防止摩擦副表面发生高温烧结。

（4）润滑作用，对行星齿轮机构和摩擦副强制润滑，减少磨损。

（5）清洁作用，带走摩擦表面产生的金属碎末。

（6）密封作用。附着在零部件上的油膜，起到密封、防漏作用。

图 2-5　变速箱油

2. 自动变速器油的性能要求

1）适当的黏度

ATF 的使用温度为 $-40 \sim 170$ °C，范围很宽，又因自动变速器对其工作油的黏度极其敏感，所以黏度是 ATF 重要的特性之一。不同种类变速器所需要的 ATF 黏度也不相同，因此不能随意地更换汽车使用 ATF 的标准油，避免由于 ATF 黏度与自动变速器黏度要求不适应，导致出现不良反应。

2）良好的热氧化安定性

因 ATF 的使用温度很高，如果热氧化安定性不好，就会导致形成油泥沉淀物等，从而造成离合器片和制动片打滑、控制系统失灵等故障的发生。

3）良好的抗泡沫性

自动变速器中的 ATF 产生泡沫对传动系统危害很大，泡沫可导致变矩器传递功率下降，泡沫的可压缩性导致液压系统压力波动和油压下降，严重时可使供油中断。同时，气泡在压缩过程中温度升高，会加速油品老化，影响油品使用寿命，导致机件早期磨损。

4）良好的抗磨性能

ATF 只有具有良好的抗磨性能，才能保证行星齿轮中各齿轮传动的需要，以及离合器片工作效能的需要。

5）与系统中橡胶密封材料的匹配性

自动变速器中多使用的是丁腈橡胶、丙烯橡胶及硅橡胶等，要求 ATF 使其不能有太明显的膨胀，也不能使之硬化变质。

6）良好的摩擦特性（换挡性能）

良好的摩擦性能是保证传动齿轮各件工作平顺的关键，并能降低噪声，延长寿命。

7）良好的防腐（防锈）性能

传动装置和冷却器中安装有铜接头、黄铜轴瓦、黄铜过滤器及止推垫圈等部件。这些部件中均含有大量的有色金属，因此 ATF 必须要保证不会引起铜腐蚀和其他金属生锈。

8）良好的储存安定性

ATF 在一定温度范围内和一定时间应该保证均相，且没有分解，而且 ATF 各成分不应该出现分层或析出等现象。

3．自动变速器油的规格

1）国外自动变速油的规格

国外自动变速器油多采用美国材料试验协会（ASTM）和美国石油协会（API）共同提出的 PTF 使用分类，将 PTF 分为 PTF-1、PTF-2 和 PTF-3 三类。

PTF-1 类油：主要用于轿车、轻型货车作为液力传动油。

PTF-2 类油：主要用于重负荷的液力传动系统，如重型载货汽车、大型客车、越野车和工程机械的自动变速器。

PTF-3 类油：是随着全液压拖拉机的发展而产生的，主要的功能是作为传动、差速器和最后驱动齿轮的润滑，以及液压转向、制动、分动箱和悬挂装置的工作介质。

目前世界各国普遍使用美国生产的自动变速器油，主要有通用公司生产的德士龙 DEXRON Ⅰ、DEXRON Ⅱ、DEXRON Ⅲ型和福特公司生产的 E、F 型。我国的部分国产汽车和进口汽车使用 DEXRON Ⅱ和 F 型。

2）中国自动变速器油的品种、牌号和规格

目前，我国自动变速器油现行标准是中国石油化工集团有限公司企业标准，该标准将液力传动油分为 6 号和 8 号两种。分别相当于国外的 PTF-2 类、PTF-1 类。

6 号：用于载货汽车的液力变矩器。

8 号：用于各种轿车、轻型客车的液力自动变速器。

4．自动变速器油的更换周期

汽车自动变速器油在一般情况下建议每行驶 4 万多千米更换一次，可根据车辆变速器的运行状况来判断是否要换变速器油：如果车辆挂挡顺畅，变速器噪声变化不大，就可以不换；如果车辆换挡时显得生涩，特别是行驶速度超过 100 km 后变速器噪声明显增大，就要考虑更换变速器油。同时要参考维修手册，按照保养规程进行更换。

5．长期不更换自动变速器油的危害

（1）自动变速器油长期在高速高温下工作会变质、挥发，从而加剧机械零件的磨损，严重时会损坏变速器内部零件。

（2）长期不更换自动变速器油，冷车会出现起步无力的现象。

（3）车辆在行驶过程中容易出现轻微的打滑等现象。

（4）长期不更换自动变速器油，自动变速器油会变浓，易使变速器散热器受阻，从而导致自动变速器油温过高，加剧磨损。

三、自动变速器油液检查

1．油位的检查

（1）将车辆停放在水平路面上。

（2）将车启动后热车，冷却水温度达到 90 °C 以上，发动机保持运转状态，让发动机怠速运转数分钟以上。

（3）踩住制动踏板，将拨挡杆从 P 挡依次挂入每一个挡位后回到 P 挡，踩住制动踏板，将变速杆拨至倒挡（R）、前进挡（D）等位置，并在每个挡位上停留几秒钟，使液力变矩器和所有换挡执行元件中都充满液压油。最后将变速杆拨至停车挡（P）位置，以使油液进入阀体和相应油道中。

（4）取出油尺，检查油面高度。从加油管内拔出自动变速器油尺，清洁过后全部插入加油管，并拔出，检查油尺上的油液高度，油液高度应保持在刻线上的 MAX 与 MIN 之间，如图 2-6 所示。

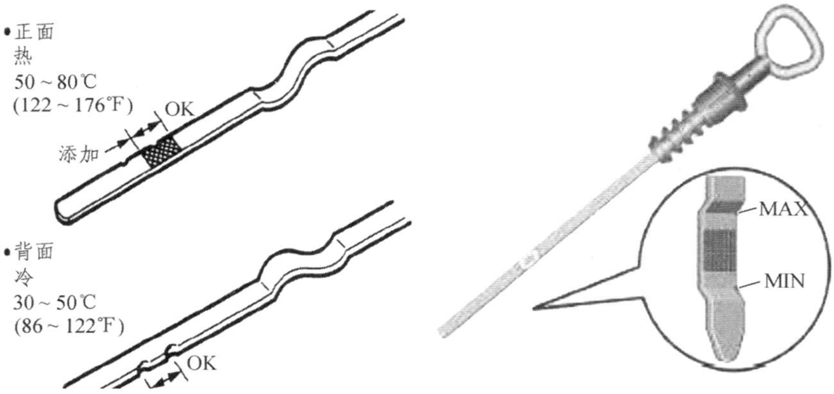

图 2-6　机油标尺刻度

（5）如果没有油尺，可以在发动机怠速时，通过自动变速器的油位检查口（见图 2-7）

检查自动变速器油是否充足。将检查口螺丝拆掉，如果变速器油流出来就说明变速器油添加的量已经足够；如果没有油流出来，则应该继续添加。

图 2-7　油位检查孔

2．油质的检查

自动变速器随着运行的延长，内部相对运动件会产生各种磨损，导致变速器出现故障，同时伴有自动变速器油液变质、变色，因此，在诊断自动变速器故障时，可以通过油液颜色品质的变化来判断故障产生的原因。

1）正常油液的颜色

通常每年应检查一次自动变速器油液的油质。正常的油液颜色为红色或粉红色的透明液体，并有类似新机油的气味。使用半年以上的油液为略带褐色的红色透明液体。

2）检测方法

（1）拆下油底壳检查。在使用时由于磨料多沉淀在油底壳，要想准确地分析油液中磨料的含量及种类，最好将油液放尽后拆下油底壳，从油底壳沉淀中分析磨粒的成分，以便判断故障产生的原因。

（2）用油尺检查。首先将发动机起动，使发动机怠速运转，并将操纵手柄放在空挡与 1 挡间反复移动几次，然后将换挡手柄置于 P 挡或 N 挡，拔出油尺，取一滴油液滴到滤纸上，观察斑点的变化情况。

表 2-1 列出了常见油液状态及变质原因。

表 2-1　常见油液状态及变质原因

油液状态	变质原因
油液变为深褐色或深红色	1. 没有及时更换油液； 2. 长期重载荷运转，某些部件打滑或损坏引起自动变速器过热
油液中有金属屑	离合器盘、制动器盘或单向离合器严重磨损
油尺上黏附胶质油膏	变速器油温过高
油液有烧焦气味	1. 油温过高，油面过低； 2. 油冷却器或管路堵塞
油液从加油管溢出	油面过高或通气孔堵塞

四、自动变速器油的更换

更换自动变速器油时要选用原厂油，不能错用、混用。ATF 由于型号不同，摩擦系数也不同，某些汽车厂家是根据汽车变速器的技术指标设计出有针对性的油品，使用这样的油品可以保持变速器良好的机械性能，延长寿命。

1．更换方法

1）人工换油法

这种方法在行业内俗称为“手换”，即打开自动变速器的放油螺栓，让里面的油液自然排出。这是一种旧的换油方式，优点是操作方便，耗时少，缺点是换油不彻底，只能放掉 1/3 ~ 1/2 的旧油液，残留下来的旧油会污染新的自动变速器油，而新旧油混合后，必然会影响自动变速器各方面的性能。

2）专用换油机更换

这种方法在行业内俗称“机换”（见图 2-8）。利用机器产生压力，把变扭器的润滑油管和散热油管里的油进行动态更换。绝大部分自动变速器的油液是通过发动机冷却水箱进行循环冷却的，机换的方法就是把换油机接自动变速器通水箱冷却的两根管，用压力进行循环换油。其操作方法是：往专用更换机加入一定量的新油液，通过进油管泵入自动变速器，再从出油管抽出旧液，旧液输入更换机后被机油滤清器过滤，然后又泵进自动变速器，这样不断循环对变速器进行冲洗，冲洗完成后把旧液抽出，泵入新液，整个过程完成约需要 1 h，所需自动变速器油液为 12 L 左右。这种换油方式的优点是换油比较彻底，能够放掉 85% 以上的旧油液，而且可以把自动变速器内部的油垢和金属屑清洗干净，通过机换的方式，更换油液的周期可以延长；缺点是需要专用机械，耗费的工时多。

图 2-8　机换

2．排放自动变速器油

参考维修手册，按规定流程更换。

（1）车辆运行至自动变速器达到正常工作温度，油温在 70 ~ 80 °C 后停车熄火。

（2）拆下自动变速器油底壳上的放油螺塞，将油底壳内的液压油放净。

（3）拆下油底壳，将油底壳清洗干净，注意将螺塞或磁铁上的铁屑清洗干净后放回。

（4）拆下自动变速器液压油散热器油管接头，用压缩空气将散热器的残余液压油吹出，再装好油管接头。

3．加注自动变速器油

（1）装好油底壳，做好油底壳密封。

（2）参考维修手册按规定力矩拧紧放油螺塞。

（3）加入规定牌号的齿轮油到规定油位。

（4）启动发动机，再次检查自动变速器油面高度，注意由于新加入的油液温度较低，油面高度应在油尺刻线的下限附近。

（5）汽车运行至发动机和自动变速器达到正常工作温度，再次检查油面高度是否在油尺线的上限附近。

（6）油面过高时，应把多余的油放掉至规定位置。

五、自动变速器油液滤清器更换和清洗

变速器滤清器（见图 2-9）的作用是过滤变速器油，延长变速器油的使用时间。装在自动变速器油底壳内，一般在更换自动变速器油时一起更换。

自动变速器油及滤清器一般正常行驶情况下每 12 万 km 更换一次，恶劣行驶情况下每 6 万 km 更换一次。

图 2-9　变速器滤清器

任务二　自动变速箱总成的吊装

知识目标

- 1. 了解自动变速器总成吊装的步骤；
- 2. 了解自动变速器总成安装完成后的检测内容。

技能目标

- 1. 能进行自动变速器总成拆卸；

◆ 2. 能进行自动变速器总成安装；

◆ 3. 能在自动变速器总成安装完成后对其进行检测与调整。

一、自动变速器总成吊装的注意事项

（1）结合实车仔细阅读维修手册、车辆使用说明及图解。

（2）做好防护工作，确保人员及设备的安全。

（3）发现设备、工具、车辆出现安全隐患，应及时停止操作，消除隐患后方可继续进行。

（4）要注意零部件的摆放，按照拆卸先后顺序摆放，拆卸下来的螺栓、螺母，原则上安装在拆下来的零部件上，防止丢失。

（5）要随时做好“7S”工作，及时处理渗漏的油液，确保场地整洁。

（6）一些重要的管路、线束、连接件要做好方向、位置、连接标记，防止安装时出错。

二、自动变速器总成的拆卸步骤

（1）拆掉蓄电池负极。

（2）把车放在举升机上，做好汽车防护，排放自动变速器油。

（3）拆开节气门和换挡连接及相关辅助电线。

（4）拆下与散热器连接的冷却管路。

如果需要，则安装发动机固定器，如图 2-10 所示。这是大部分车型需要的，要正确安放并调整。

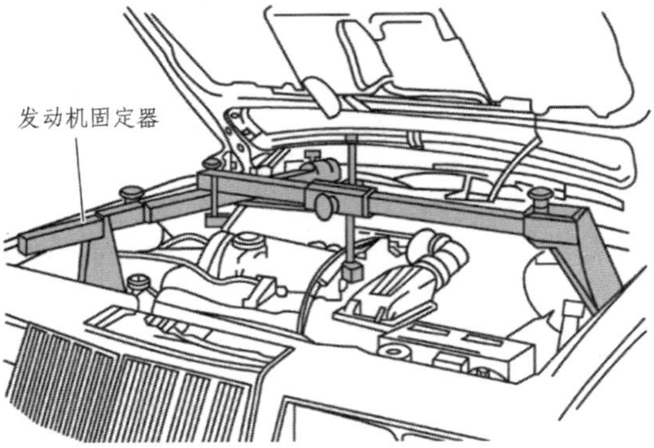

图 2-10 安装发动机固定器

（5）放好自动变速器支撑架，要放置好并注意平衡。拆掉自动变速器支撑螺钉，并用螺钉绑定在支撑架上。

（6）拆掉液力变矩器螺钉。

（7）拆掉其他相连接的横梁和排气部件。

（8）自动变速器与发动机分离开，轻轻地放下自动变速器。

三、自动变速器总成的安装步骤

安装自动变速器之前，仔细检查传动系统的支撑情况，如果支撑损坏则需要更换，并要保证支撑调整到位，这样才能保证相应的直线度，以及与其他传动件的连接情况。

（1）安全地将变速器放置在变速器支架。

（2）将车放置在举升机上并举升。

（3）将变速器支架放置到车下的相应位置上。

（4）安装液力变矩器螺钉，确保变矩器和安装面之间有一定的距离，在安装螺栓前还要安装好支撑横梁。

（5）安装冷却管路、电控线路，正确安装排气部件及横梁，安装移除的悬架部分。

（6）拆除自动变速器支架。

（7）调节所有连接管线。

（8）添加合格的 ATF。

（9）连接蓄电池负极。

（10）进行道路试验。

四、自动变速器安装完后的检测步骤

（1）检查 ATF 液面。

（2）检查连接件并进行调整。

（3）检查泄漏。

（4）检查所有的螺栓并拧紧。

（5）用诊断仪检查故障码。

（6）检查冷却管路和真空管是否正确安装，并查看是否有泄漏。

任务三　双离合器系统检查保养

知识目标

◆ 1. 了解双离合器的结构和换挡原理；

◆ 2. 了解双离合器变速器油液检查方法；

◆ 3. 了解双离合器变速器油液及滤清器更换方法。

技能目标

◆ 1. 能进行双离合器变速器油液检查；

◆ 2. 能进行双离合器变速器油液及滤清器更换。

双离合变速器（DCT）有别于一般的自动变速器系统，除了拥有手动变速器的灵活性及自动变速器的舒适性外，还能提供无间断的动力输出。而传统的手动变速器采用一个离合器，当换挡时，驾驶员须踩下离合器踏板，使不同挡的齿轮组做出啮合动作，动力就在换挡期间出现间断，输出动力出现断续。双离合器自动变速器采用两套离合器，通过两套离合器的相互交替工作，实现无间隙换挡。

一、双离合变速器概述

1. 分类

1）湿式双离合变速器

湿式双离合变速器是指双离合器为一大一小，两组同轴安装在一起的多片式离合器。它被安装在一个充满液压油的密闭油腔里，因此湿式离合器结构有着更好的调节能力和优异的热熔性，能够传递比较大的扭矩。因为离合器片是浸在液压油中，所以无论对于离合器片的散热还是磨损都优于干式双离合变速器。

2）干式双离合变速器

干式离合器不像湿式双离合变速器是安装于密闭的油腔里，它是通过离合器从动盘上的摩擦片来传递扭矩的。通过节省相关联的液压系统和干离合器本身来降低自身传动扭矩的效率。然而，与湿式的离合器相比，干式变速器在换挡时要消耗更多的能量。

2. 双离合变速器结构

双离合变速器（见图 2-11）主要由双离合器、机械部分变速器、自动换挡机构和电子控制液压控制系统组成。

与手动变速器相比，双离合变速器由两个彼此相互独立的传动机构组成，单个传动机构与手动变速器结构相同，两者各配一个干式或湿式离合器，但没有离合器踏板，离合器由电子系统和液压系统控制。两个离合器分别与两根输入轴连接，其中一个离合器控制了奇数挡位（如 1 挡、3 挡、5 挡和倒挡），而另一个离合器控制了偶数挡位（如 2 挡、4 挡和 6 挡）。

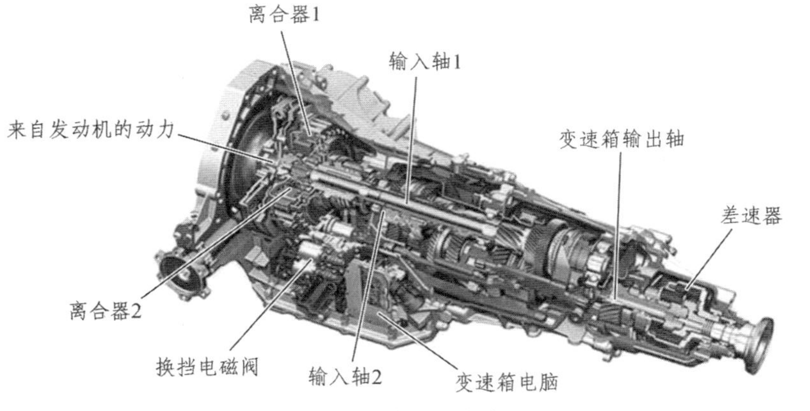

图 2-11　双离合器变速器

3. 双离合器换挡原理

在传统的手动变速器中，从发动机到车轮没有连续的动力输出。在换挡的过程中，动力传送将从“有”到“无”再到“有”进行变化，这样就会导致出现“换挡冲击”或“扭矩中断”现象。

1）基本工作原理

双离合器变速器在工作时，车辆先以某一个与离合器连接的挡位运行，自动变速器电控单元根据相关传感器的信号判断即将进入工作的与另一个离合器相连接的下一个挡位。此时该挡位还未进入动力传递，控制指令比较容易地控制换挡执行机构，预先啮合这一挡位，在车辆达到换挡点时，只需要将正在工作的离合器分离，同时将另一个离合器接合，就使汽车以下一个挡位行驶。在换挡过程中，提前啮合了下一个顺序挡位，发动机的动力始终不断地被传给车轮，实现动力不间断换挡，提高汽车换挡的舒适性。

2）大众 6 速 DSG 双离合变速器的工作原理

两个离合器与变速器装配在同一机构内，其中一个离合器（1）负责挂 1、3、5 和倒挡；另一个离合器（2）负责挂 2、4、6 挡。当驾驶员挂上 1 挡起步时，换挡拨叉同时挂上 1 挡和 2 挡，但离合器 1 结合，离合器 2 分离，动力通过 1 挡的齿轮输出动力，2 挡齿轮空转。当驾驶员换到 2 挡时，换挡拨叉同时挂上 2 挡和 3 挡，离合器 1 分离的同时离合器 2 结合，动力通过 2 挡齿轮输出，3 挡齿轮空转。其余各挡位的切换方式均与此类似。这样就解决了换挡过程中动力传输中断的问题，如图 2-12 和图 2-13 所示。

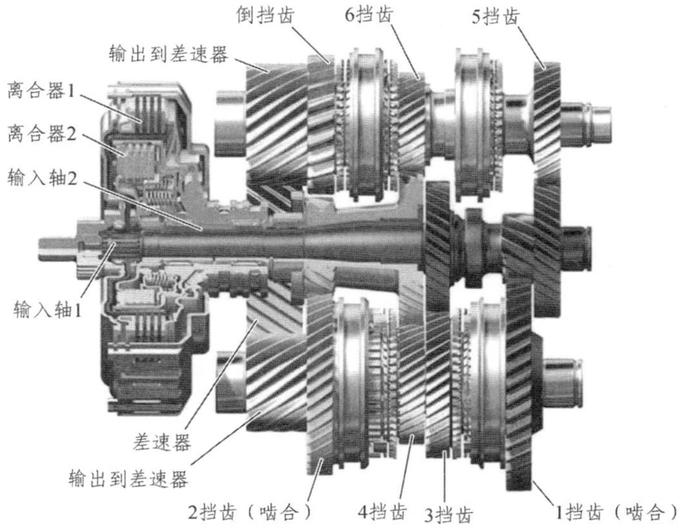

图 2-12　大众 6 速湿式 DSG 双离合变速器

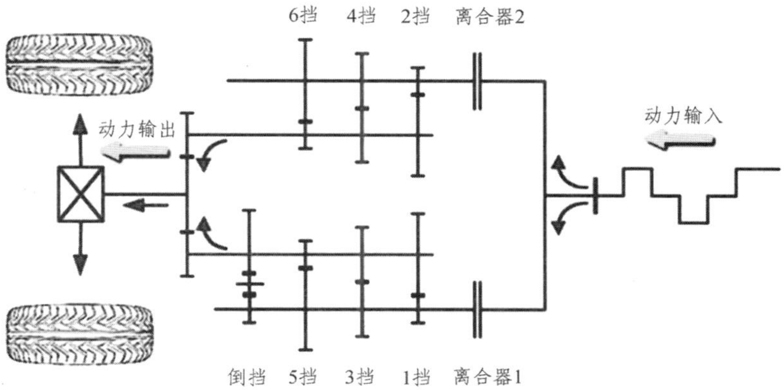

图 2-13　大众 6 速 DSG 湿式双离合变速器的工作原理

二、双离合变速器油质和油位检查

双离合变速器根据类型不同，需要使用不同齿轮油，一种是手动变速器齿轮油，一种是自动变速器油（ATF），也有的采用双离合器变速器专用油，无论采用哪种齿轮油，其油质、油位检查基本相同，同时要参考维修手册。

1．油位的检查

（1）将车辆停放在水平路面上。

（2）启动汽车，如果汽车不是在启动状态下，检查的数据不准确。

（3）找到并抽出变速箱油量尺，使用纸巾把上面的油污擦干净，之后再将变速箱油测量尺插入变速箱油中。

（4）再次拔出变速箱油尺，这时看到的油尺的位置才是变速箱油真正的油量。

（5）没有油尺的可以通过检查口检查。

（6）有的双离合器变速器油位检查时需要利用诊断仪，看仪表盘 F 灯。

2．油质的检查

与检查手动变速器油和自动变速器油的步骤相同。用干净的纸擦拭油尺上的油液或用拇指与食指捻油液，以便观察油液品质。

三、双离合变速器油液及过滤器更换

参考维修手册，按规定流程更换。

1．排放双离合变速器油

（1）车辆运行至变速器达到正常工作温度，油温在 70 ~ 80 °C 后停车熄火。

（2）拆下变速器油底壳上的放油螺塞，将油底壳内的液压油放净。

（3）拆下油底壳，将油底壳清洗干净，注意将螺塞或磁铁上的铁屑清洗干净后放回。

（4）拆卸双离合变速器过滤器。

2．加注双离合变速器油

（1）安装新的双离合变速器过滤器。

（2）装好油底壳，做好油底壳密封，参考维修手册按规定力矩拧紧放油螺塞。

（3）加入规定牌号的齿轮油到规定油位。

（4）启动发动机，运转几分钟后，检查自动变速器油面高度。

（5）汽车运行至发动机和变速器达到正常工作温度，再次检查油面高度是否在油尺线的上限附近。

（6）油面过高时，应把多余的油放掉至规定位置。

任务四　无级变速系统检查保养

知识目标

- ◆ 1. 了解无级变速器的结构和工作原理；
- ◆ 2. 掌握无级变速器油液检查的方法；
- ◆ 3. 掌握无级变速器油、滤清器更换的方法。

技能目标

- ◆ 1. 能进行无级变速器油液检查；
- ◆ 2. 能进行无级变速器油、滤清器更换；
- ◆ 3. 能进行无级变速器密封性检查。

一、无级变速器的结构和工作原理

1．功用

CVT 技术即无级变速技术，采用传动带和工作直径可变的主、从动轮相配合来传递动力，可以实现传动比的连续改变，从而得到传动系统与发动机工况的最佳匹配。

2．分类

按传动方式可采用液体传动、电力传动和机械传动三种方式。

1）液体传动

液体传动分为两类。一类是液压式，主要是由液压泵和马达组成或者由阀和泵组成的变速传动装置，适用于中小功率传动。另一类是液力式，采用液力耦合器或液力矩进行变速传动，适用于大功率（几百至几千千瓦）。液体传动的主要特点是：调速范围大，可吸收冲击和防止过载，传动效率较高，寿命长，易于实现自动化，制造精度要求高，价格较贵，输出特性为恒转矩，滑动率较大，运转时容易发生漏油。

2）电力传动

电力传动基本上分为三类。第一类是电磁滑动式，它是在异步电动机中安装一电磁滑差离合器，通过改变其励磁电流来调速，这属于一种较为落后的调速方式。其特点是结构简单，成本低，操作维护方便，滑动最大，效率低，发热严重，不适合长期负载运转，故一般只用于小功率传动。第二类是直流电动机式，通过改变磁通或改变电枢电压实现调速。其特点是调速范围大，精度也较高，但设备复杂，成本高，维护困难，一般用于中等功率范围（几十至几百千瓦），现已逐步被交流电动机式替代。第三类是交流电动机式，通过变极、调压和变频进行调速。实际应用最多为变频调速，即采用一变幅器获得变幅电源，然后驱动电动机变速。其特点是调速性能好、范围大、效率较高，可自动控制，体积小，适用功率范围宽，机械特性在降速段位恒转矩，低速时效率低且运转不够平稳，价格较高。

3）机械传动

机械传动的特点主要是：转速稳定，滑动率小，工作可靠，具有恒功率机械特性，传动效率较高，而且结构简单，维修方便，价格相对便宜；但零部件加工及润滑要求较高，承载能力较低，抗过载及耐冲击性较差，故一般适合于中、小功率传动。

3．无级变速器结构

无级变速器（见图 2-14）一般由四个部分组成：机械传动机构、变速控制机构、液压控制系统和电子控制控制系统。

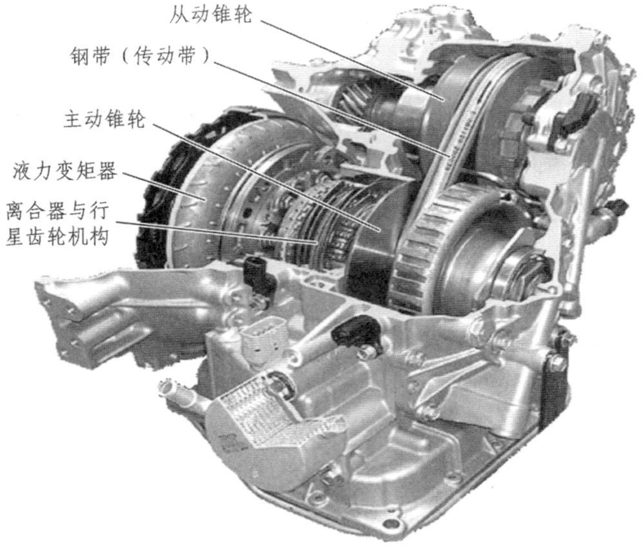

图 2-14　无级变速器

常见的金属带式 CVT 由起步离合器、行星齿轮机构、无级变速机构、控制系统和中间减速机构组成。起步离合器常用液力变矩器装置，无级变速机构由传动带、主动轮组、从动轮组组成，其中主、从动轮组都由可动锥盘和固定锥盘组成。

4．无级变速器的工作原理

1）基本无级变速原理

金属带式无级变速器采用传动带和工作直径可变的主、从动锥轮相配合传递动力，可实现传动比的连续改变，变速装置的动力最终通过中间轴传递到变速器内的差速器。基本无级变速原理如图 2-15 所示。

2）无级变速器动力传递原理

发动机转矩通过飞轮或变矩器传递到变速器，变速器的前进挡和倒挡各有一多片式离合器，变速器通过行星齿轮组和两个离合器实现前进挡和倒挡，再通过调节主动锥轮和从动锥轮压力腔的压力来移动可滑动的锥轮，实现换挡和调节传动比，如图 2-16 所示。

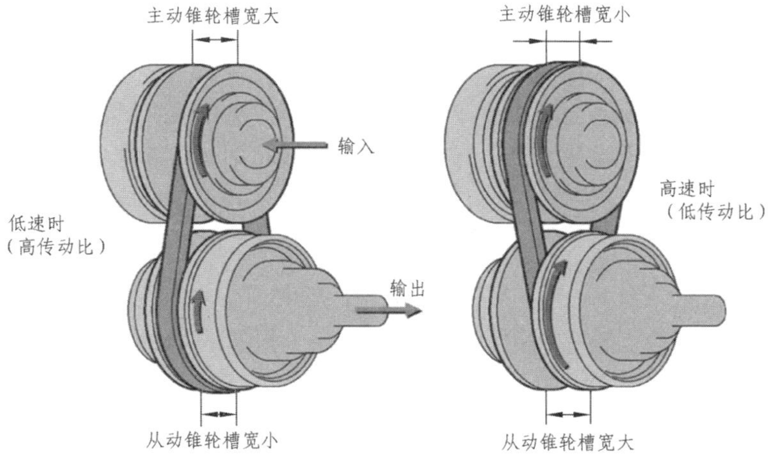

图 2-15　基本无级变速原理

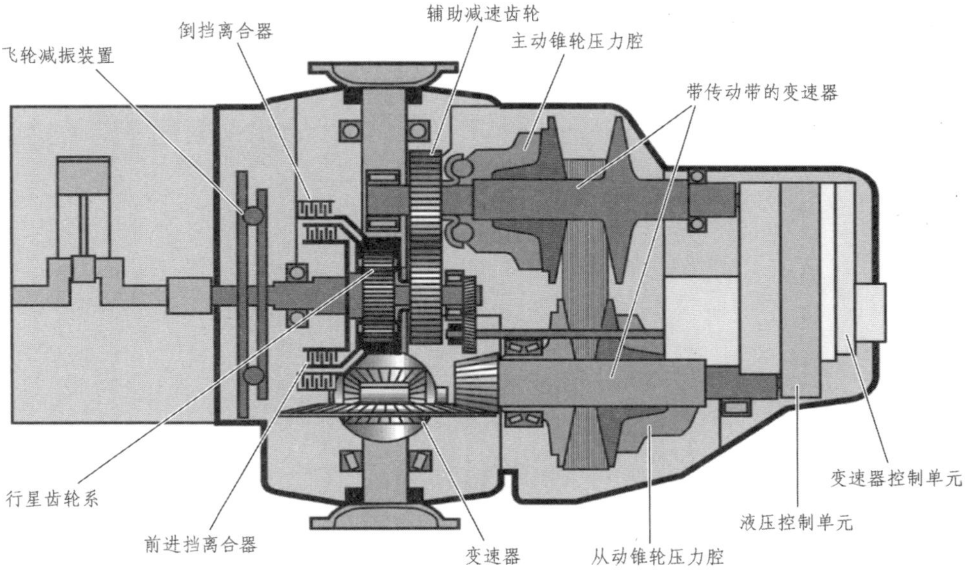

图 2-16　无级变速器动力传递原理

二、无级变速器油质和油位检查

1．无级变速器油

无级变速器油（CVTF）是 CVT 专用油，适用于钢带式及链条式无级变速器使用，此油具有优异的低温性能、良好的稳定性、优良的抗磨性，防抖、耐用，适合各地区全天候使用。CVTF 不能用 AT 变速箱油代替，相对来说，它比 AT 自动挡变速箱油还要稀一些，另外还要具有一定的阻尼摩擦力，以防止传动链条打滑。

2．油位检查

（1）让发动机怠速运转，CVTF 温度升高至 35 ~ 45 ℃。

（2）在发动机怠速的情况下按 P→R→N→D 和 D→N→R→P 的顺序操作换挡杆，以使 CVTF 流通。

（3）在发动机运行的情况下，举升车辆并拆下加油塞。

注意：当 CVTF 达到加油塞孔下部时，才处于规定的液位。

（4）当无 CVTF 从变速器泄漏时，添加指定的油液至液位达到加油塞孔下部。

注意：当变速器处于冷却状态下添加 CVTF 至液位达到加油塞的下部时，会发生 CVTF 加注过量，导致油溢出。

（5）安装加油塞。

3．油质的检查

与检查手动变速器油和自动变速器油的步骤相同。用干净的纸擦拭油尺上的油液或用拇指与食指捻油液，以便观察油液品质。

三、无级变速器油更换

参考维修手册，按规定流程更换。

1．排放变速器油

发动机运转后或发动机长时间怠速，CVTF 是热的，注意不要被烫伤，不要将 CVTF 溅到排气管上，以防冒烟或起火。

（1）举升车辆，然后拆下 CVTF 放油塞，如图 2-17 所示。

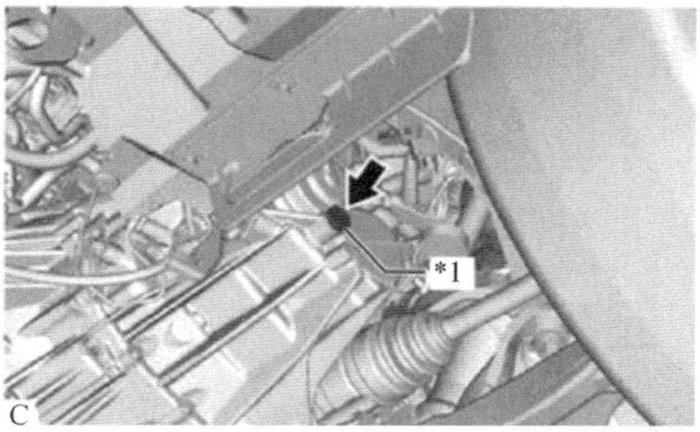

图 2-17　放油塞

（2）检查 CVTF 的油质状况。

（3）安装 CVTF 放油塞和衬垫（注：使用新衬垫）。

（4）拆下加油塞（见图 2-18）。

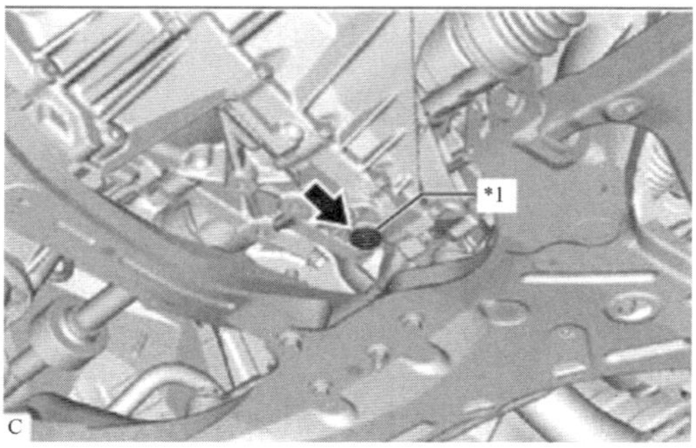

图 2-18　加油塞

2．加注变速器油

（1）添加规定的油液至加油塞孔下部。

（2）暂时拧紧加油塞。

（3）让发动机怠速运转，CVTF 温度升高至 35～45 °C。

（4）在发动机怠速的情况下按 P→R→N→D 和 D→N→R→P 的顺序操作换挡杆，以使 CVTF 流通。

（5）换挡杆换至 P 挡并启动发动机，举升车辆，检查 CVTF 油位，检查壳体密封处是否泄漏。

（6）用新的衬垫更换，并安装加油塞，按规定力矩拧紧。

四、无级变速器滤清器更换

参考维修手册，按规定流程更换。

1．拆卸滤清器

（1）将预热后的车辆行驶到举升机上，打开并支撑好前机盖。

（2）在变速器油底壳位置下方放置接油桶。

（3）拆下变速器的油底壳（见图 2-19），此时需注意变速器油被排放出来。

图 2-19　拆卸变速器油底壳

（4）放完残油后，拆下变速器滤芯，如图 2-20 所示。

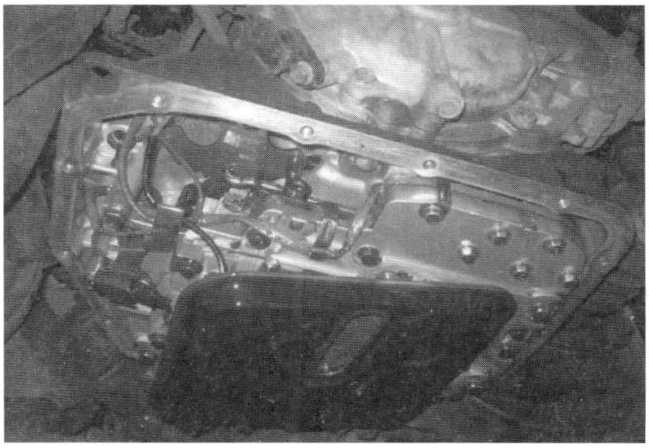

图 2-20　拆卸变速器滤芯

2．安装滤清器

（1）将新的变速器滤芯原位安装在变速器内。

（2）清除油底壳（见图 2-21）内的污物，以及油底壳四周沿口部位。

（3）在干净的油底壳四周沿口上打一圈密封胶。

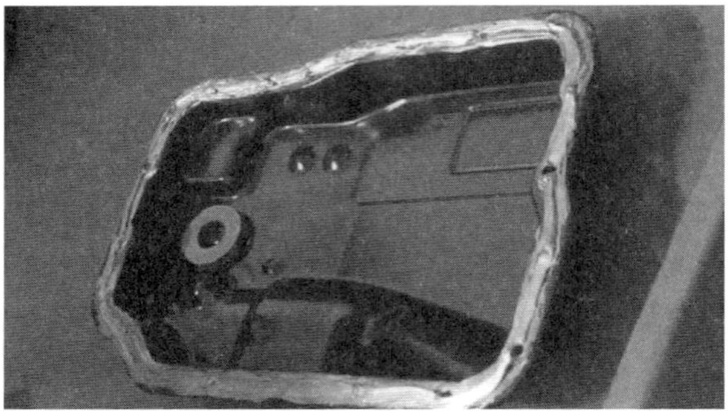

图 2-21　油底壳

（4）原位安装上干净的油底壳（见图 2-22），确保四周螺丝紧固。

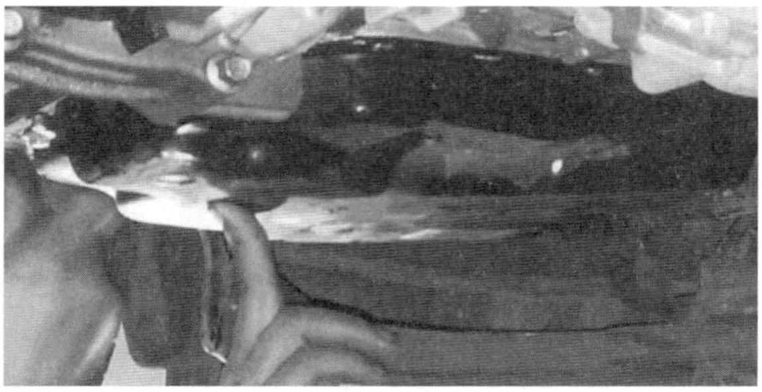

图 2-22　安装油底壳

（5）将车辆高度下降到正常位置，拔掉变速器油尺，用漏斗将新的变速器油通过油尺口加入。

（6）将适量的变速器油加入后，插入油尺，检查液位。

（7）启动车辆后原地排挡数次，使每个挡位能到得到充分润滑。

（8）将车辆升到合适的高度，检查变速器油底壳部位是否存在漏油现象。

（9）自动变速器运转数分钟后关闭发动机，再次检查变速器油液位即可。

任务五　自动换挡机构检查保养

知识目标

- 1. 识别自动换挡机构挡位；
- 2. 了解离合器的组成及工作原理；
- 3. 了解紧急释放 P 挡操作。

技能目标

- ◆ 1. 能进行自动换挡机构挡位的识别；
- ◆ 2. 能进行自动变速器系统数据流读取。

自动变速器换挡执行机构与普通手动变速器换挡执行机构不同，自动变速器的离合器、制动器、单向锁止离合器代替了普通手动变速器中的同步器，而且完全由电、液系统实现自动控制。行星齿轮变速器的换挡执行元件包括换挡离合器、换挡制动器和单向离合器。

一、自动换挡机构挡位识别

1. 行星齿轮变速器换挡执行机构的功用

行星齿轮变速器中所有的齿轮都处于常啮合状态，其挡位变换必须通过不同的方式对行星齿轮机构的基本元件进行约束（即固定或连接某些基本元件）来实现。能对这些基本元件实施约束的机构就是行星齿轮变速器的换挡执行机构。

2. 行星齿轮变速器换挡执行机构的组成

行星齿轮变速器的换挡执行机构由离合器、制动器、单向离合器三种执行元件组成，起连接、固定和锁止作用。

（1）连接：指将行星齿轮变速器的输入轴与行星排中的某个基本元件连接，以传递动力，或将前一个行星排的某一个基本元件与后一个行星排的某一个基本元件连接，以约束这两个基本元件的运动。

（2）固定：指将行星排的某一基本元件与自动变速器的壳体连接，使之被固定住而不能旋转；锁止是指把某个行星排的三个基本元件中的两个连接在一起，从而将该行星排锁止。

（3）换挡执行元件：按一定的规律对行星齿轮机构的某些基本元件进行连接、固定或锁止，让行星齿轮机构获得不同的传动比，从而实现挡位的变换。

3. 离合器的功用及组成

1）功用

用于输入轴、中间轴、输出轴、行星齿轮机构中元件的连接，实现扭矩的传递。

2）组成

自动变速器中所用的离合器为湿式多片离合器（见图 2-23）。它通常由离合器鼓、离合器活塞、回位弹簧、弹簧座、一组钢片、一组摩擦片、调整垫片、离合器毂及几个密封圈组成。

3）离合器的工作原理

接合：当活塞油腔有油压时，将摩擦片与钢片压紧，离合器产生摩擦力，将行星齿轮变速器的输入轴与行星排中的某个基本元件连接，或将前一个行星排的某一个基本元件与后一个行星排的某一个基本元件连接，以传递动力。

分离：当活塞油腔无油压时，活塞在回位弹簧的作用下左移，钢片与摩擦片之间无压紧力，离合器分离，相互连接部件分离。

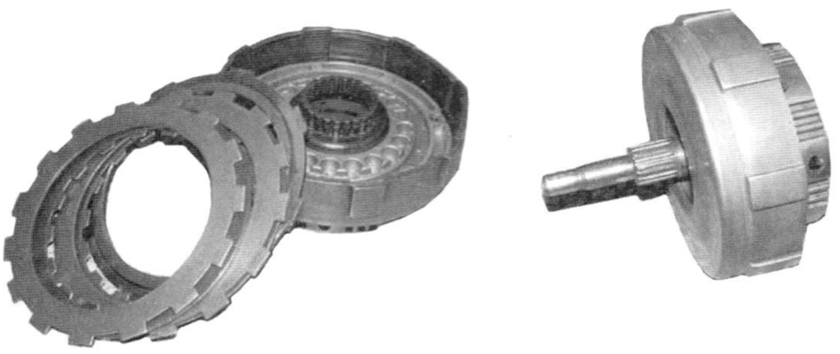

图 2-23　湿式多片离合器

4．制动器的功用及分类

制动器用于固定行星齿轮机构中的基本元件，防止其旋转。常用的制动器有带式制动器和片式制动器两种。

1）带式制动器（见图 2-24）

它由制动带及其伺服装置组成。制动带是内表面带有镀层的开口式环形钢带，开口一端支撑在与变速器壳体相连的支座上，另一端与伺服装置相连，伺服装置有多种形式。制动解除后，制动带与制动鼓之间应有一定间隙，此间隙可以调整。

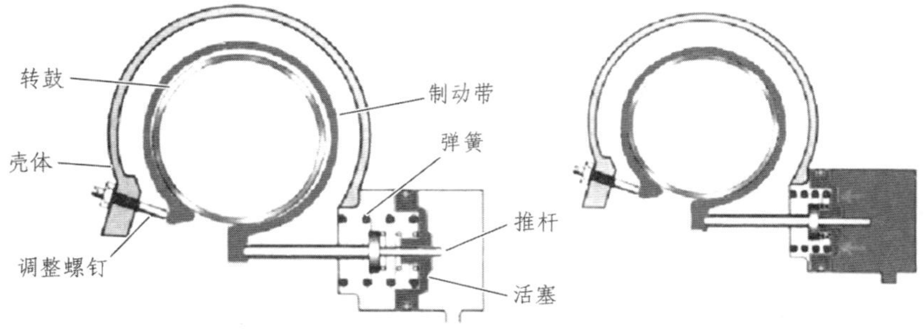

图 2-24　带式制动器

2）片式制动器（见图 2-25）

它的制动鼓是固定在变速器壳体上的，钢片通过外花键齿安装在制动鼓内花键内齿圈中，或直接安装在变速器壳体上的内花键内齿圈中，摩擦片则通过内花键和制动壳上的外花键连接。

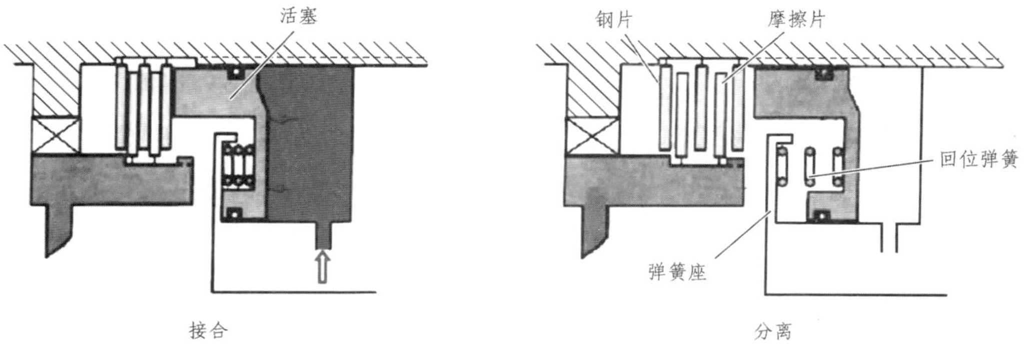

图 2-25　片式制动器

当制动器不工作时，钢片和摩擦片之间没有压力，制动器壳可以自由旋转。当制动器工作时，来自控制阀的工作油进入制动器鼓内的液压缸中，油压作用在制动器活塞上，推动活塞将制动器摩擦片和钢片紧压在一起，使得与摩擦片连接的构件起制动约束的作用，与行星排某一基本元件连接的制动器壳被固定住而不能旋转。

5. 自动换挡机构挡位识别

图 2-26 所示为丰田 A140E 自动变速器的传动路线。

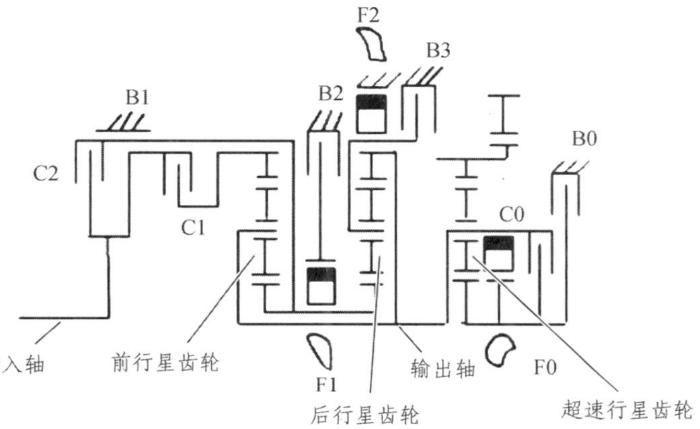

C1—前进挡离合器；C2—倒挡及高挡离合器；C0—超速排离合器；B1—2 挡强制制动器；B2—2 挡制动器；B3—低挡及倒挡制动器；B0—超速排制动器；F1—2 挡单向离合器；F2—低挡单向离合器；F0—超速排单向离合器。

图 2-26 丰田 A140E 自动变速器的传动路线

具体工作情况见表 2-2。

表 2-2 工作情况

挡位	排挡	1 号电磁阀	2 号电磁阀	C1	C2	C0	B1	B2	B3	B0	F1	F2	F0
P	驻车	ON	ON			△							
R	倒	ON	ON		△	△			△				△
N	空	ON	ON	△		△							
D	一	ON	OFF	△		△						△	△
	二	ON	ON	△		△		△			△		△
	三	OFF	ON	△	△	△		△					△
	四	OFF	OFF	△	△			△		△			
2	一	ON	OFF	△		△						△	△
	二	ON	ON	△		△	△	△			△		△
L	一	ON	OFF	△		△			△			△	△

从表 2-2 中可以看到：

倒挡 R 位：C2、C0、B3、F0 工作，从而使动力从输入轴进入，传给 C2 后排太阳轮使后排太阳轮随输入轴一起顺转，因 B3 工作行星架固定，行星轮被带动逆转并使齿圈逆转输出。超速排的 C0、F0 工作，使得超速排行星架和太阳轮连成一体，输入等于输出，也就是说此超速排没有起作用。

D 位 1 挡：C1、C0、F2、F0 工作，动力从输入轴进入，传给 C1→前齿圈（顺转）→前行星轮（顺转）→前太阳轮（逆转）→后排太阳轮（逆转）→后行星轮（顺转同时具有逆向公转的趋势而又被 F0 限制）→后齿圈，动力由前行星架和后齿圈汇流后输出。超速排状态如前。

L 位 1 挡：B3 参与工作，使后行星架固定，后轮的动力可反向传回，也就是具有发动机制动作用。

D 位 2 挡：C1、C0、B2、F1、F0 工作，动力从输入轴进入，传给 C1→前齿圈（顺转）→前行星轮（顺转），并具有使太阳轮逆转的趋势，B2、F1 的作用使太阳轮固定，行星轮带动行星架绕太阳轮公转输出。超速排状态如前。

2 位 2 挡：B1 参与工作，使太阳轮固定，此时具有发动机制动作用。

D 位 3 挡：C1、C2、C0、B2、F0 工作，C1、C2 工作时前后排行星轮各元件无相互间的运动，使输入：输出为 1：1，也是直接挡。超速排状态如前。

D 位 4 挡：C1、C2、B2、B0 工作，C1、C2 的工作时前后排行星轮各元件无相互间的运动，使输入：输出为 1：1。B0 工作，使超速排太阳轮固定，1：1 的动力由超速排行星架输入，齿圈输出，传动比小于 1，此时为超速挡。

二、选挡机构的检测

驾驶员通过操作选挡控制阀实现换挡。若选挡控制阀处有故障，将使自动变速器不能正常工作。

（1）首先观察选挡机构传动杆件是否变形或有无干涉，各连接处是否固定良好等。再将选挡手柄分别挂入每一个挡位，靠手柄上的感觉来判断选挡机构的工作是否正常，如手柄进入每个挡位时是否灵活自如、进入挡位后手柄位置是否正确等。

（2）检测空挡启动开关，看发动机是否只在变速器选挡手柄处于“N”或“P”位时方可启动，以及倒车灯是否仅在选挡手柄处于“R”位时才接通，使倒车灯亮。

（3）检测超速挡控制开关，看自动变速器超速挡是否正常。

（4）检测强制挡开关，看传感器电路部分导线的连接是否良好，强制降挡开关安装及开关接通时的节气门开度是否正常。

三、紧急释放 P 挡操作过程

出现以下情况时可能会阻止或妨碍进行变速器电子应急开锁。

（1）车辆位于斜坡上（传动系统内受力过大）。

（2）变速器油温度很高或很低（黏度改变）。

（3）F02/F07/F15/F18 8 挡自动变速器应急空挡（见图 2-27）。

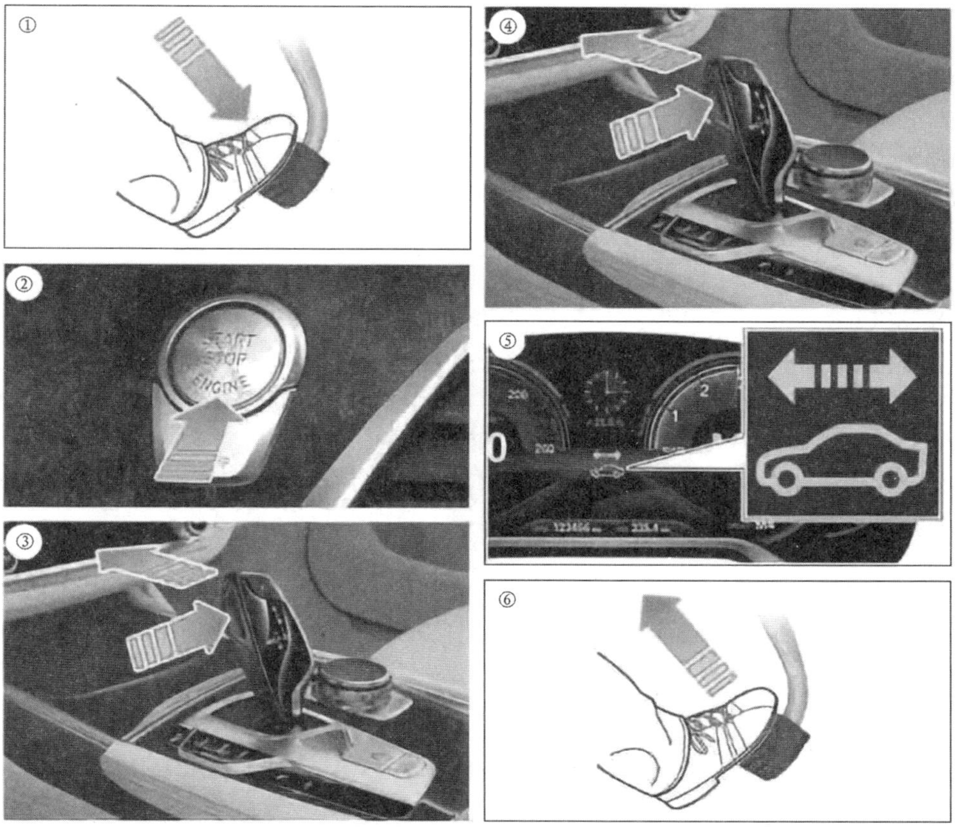

图 2-27　紧急释放 P 挡操作过程

四、自动变速器系统数据流读取

1．汽车解码器的使用

（1）测试前应正确选择检测适配接头。

（2）测试前应先将测试卡插入仪器主机的测试卡接口，然后再接通电源。

（3）仪器的额定电压为 12 V，检测时蓄电池的电压应在 11 ~ 14 V。

（4）关闭汽车上所有的附属电气设备（如空调、前照灯、音响等）。

（5）发动机的节气门应处于关闭状态。

（6）接通电源，仪器屏幕会闪烁。若程序未运行或出现乱码现象可拔下仪器的数据线并重新连接一次，即可继续操作。

（7）测试接头和诊断插座应接触良好，以保证信号传输不会中断。

（8）读取与清除故障码。

（9）测试结束后，应先切断电源，再从主机上拆下数据线和测试卡。

2．故障测试的基本功能

（1）读取车辆电脑型号：读取汽车电脑的版本信息。

（2）读取故障码：通过解码器从汽车电脑控制单元（ECU）中的随机存储器 RAM 中调取出故障码数字信息。

（3）清除故障码：汽车故障排除后，应用解码器将故障信息从汽车电脑的随机存储器RAM中清除。

（4）读取动态数据流：通过解码器和汽车电脑之间建立通信，从汽车电脑ECU的RAM中调取数据，用来分析汽车故障。

（5）元件控制测试：用仪器强制汽车电脑给车内执行元件发出控制命令，让其开启或关闭，从而很直观地判断该元件是否正常。

（6）自适应值清除：自适应值是发动机、防盗电脑和钥匙之间的自动适应的默认值。如果换发动机（在换之前，应用仪器读出电脑的编号，并记下其编号），就要进行此操作，把以前的适应值清除。

（7）基本设定：对于电喷车的某些系统，在维修后或保养时必须进行基本设定。在基本设定过程中，控制单元中的某些参数（如怠速时的点火正时等）应调整到生产厂家设定的指定值，或者将某些元件（如节气门位置传感器的位置）参数存入控制单元，以便实施精确控制。进行基本设定必须在一定的条件下才能完成。

项目三　传动与分动功能检查保养

任务一　手动变速系统检查保养

知识目标

- ◆ 1. 了解手动变速器的结构和工作原理；
- ◆ 2. 了解手动变速器油液知识；
- ◆ 3. 掌握手动变速器油液检查和更换的方法；
- ◆ 4. 掌握手动变速器壳体密封件检查和更换方法；
- ◆ 5. 掌握手动变速器总成拆装流程。

技能目标

- ◆ 1. 能进行手动变速器油液检查；
- ◆ 2. 能更换手动变速器油；
- ◆ 3. 能进行变速器壳体密封件的检查和更换；
- ◆ 4. 能进行手动变速器总成拆装。

一、手动变速器概述

1．手动变速器的功用

手动变速器（见图 3-1）是一种变速装置，用来改变发动机传到驱动轮上的转速和转矩，在原地起步、爬坡、转弯、加速等各种工况下，使汽车获得不同的牵引力和速度，同时使发动机工作在较为有利的工况范围内。

（1）改变传动比，扩大驱动轮转矩和转速的变化范围，以适应经常变化的行驶条件。

（2）在汽车发动机旋转方向不变的前提下，利用倒挡实现汽车倒退行驶。

（3）在发动机不熄火的情况下，利用空挡中断动力传递，有利于发动机的启动、暖机、怠速，便于换挡或汽车滑行、暂时停车等使用工况。

（4）通过变速器将发动机的动力输出驱动其他机构，如某些车的绞盘、自卸车的油泵等。

手动变速器与液力自动变速器（AT）相比，优缺点如下：

优点：

（1）与自动变速器相比较，可以给汽车驾驶爱好者带来更多的操控快感。

（2）传输效率比自动变速器高，在同排量发动机条件下，比液力自动变速器省油。

（3）构造较简单，维修保养比自动变速器便宜，耐用程度比自动变速箱好。

（4）工艺相对成熟，制造成本低。

（5）可靠性较高。

缺点：

（1）换挡时需要同时控制离合器、换挡手柄和油门，会使得驾驶员操作负担大，特别对于新手，易造成驾驶员紧张，影响行车安全。

（2）控制离合器技术不熟练者常常在马路上熄火，上坡操作不当时会导致溜车。

（3）手动变速器属于纯力学机械结构，故增加挡位势必会造成体积和质量的增加，但挡位增加有限，相对之下采用行星齿轮组（AT）或钢带（CVT）的自动变速器，可随着技术提升压缩体积，进而达到增加挡位却不增加体积的优点。

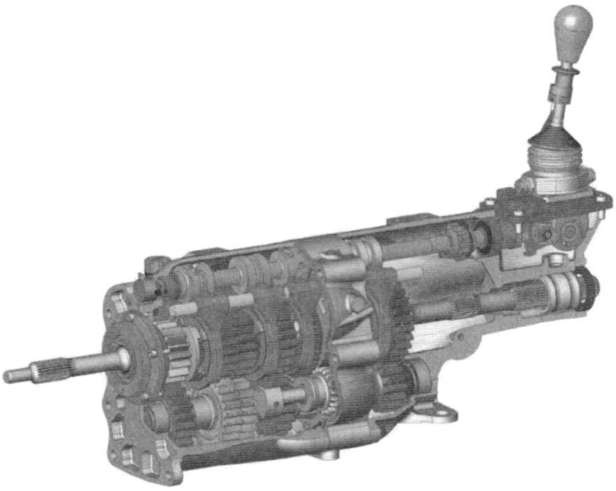

图 3-1　手动变速器

2．手动变速器分类

按前进挡数分为三挡、四挡、五挡、多挡变速器。

根据轴的形式，可分为固定轴式（齿轮的旋转轴是固定的）和旋转轴式（齿轮的旋转轴也是旋转的，如行星齿轮传动）。

固定轴式手动变速器根据轴的数量可分为两轴式（见图 3-2）、三轴式（见图 3-3）及多中间轴式。

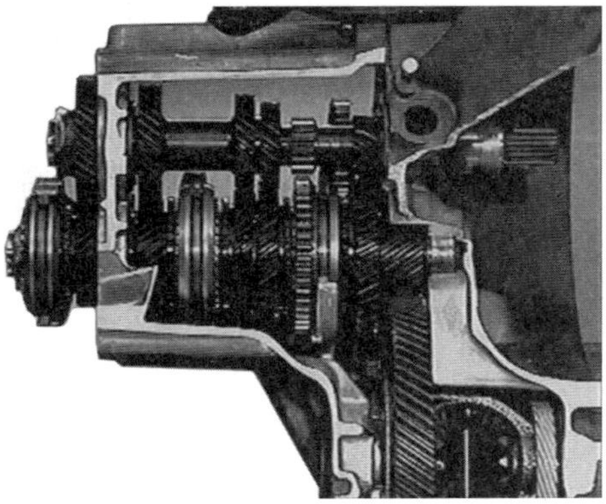

图 3-2　二轴式变速器

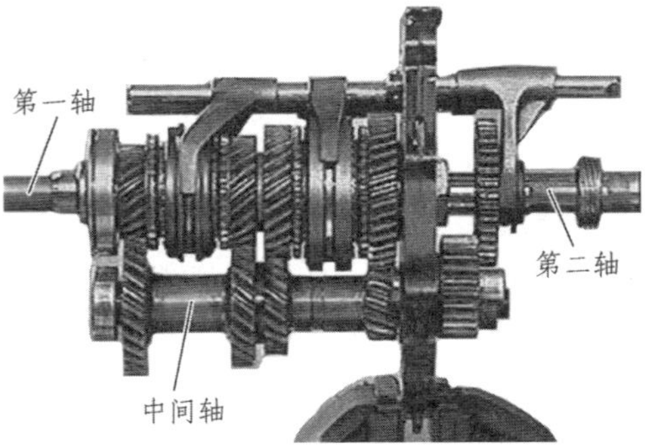

图 3-3　三轴式变速器

3．手动变速器变速原理

1）变速和变矩原理

如图 3-4 所示，一对相互啮合的齿轮，Ⅰ是主动轴（动力输入轴），Ⅱ是从动轴（动力输出轴）。设主动轴齿轮的齿数是 Z_1，转速为 n_1，转矩为 T_1，从动轴齿轮的齿数是 Z_2，转速为 n_2，转矩为 T_2。

由于齿轮连接是刚性连接，主从动轮上的啮合点处的线速度是相同的，即有：$n_1 \times Z_1 = n_2 \times Z_2$，可得 $n_1/n_2 = Z_2/Z_1$，该比值记为 i，其名称是传动比。如果不计传动过程中的摩擦等功率损失，则从动齿轮获得的功率等于主动齿轮的功率，即有：$n_1 \times T_1 = n_2 \times T_2$，可得 $n_1/n_2 = T_2/T_1$，综合这几个式子，可得如下表达式：

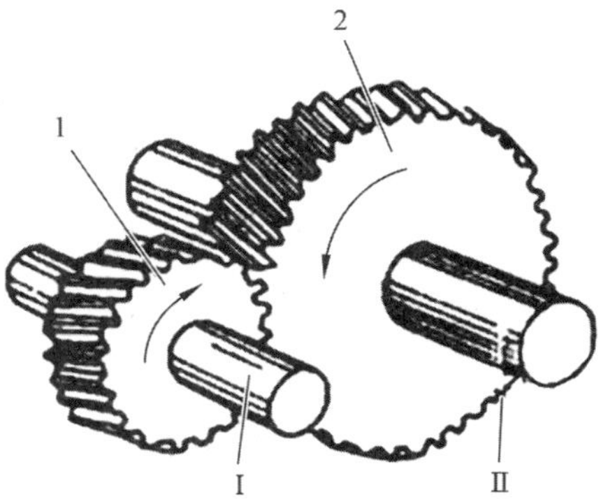

图 3-4　主动轴与从动轴

$$i = n_1/n_2 = Z_2/Z_1 = T_2/T_1$$

降速：如果主动轮的齿数比从动轮少，即 $Z_1 < Z_2$，则 $n_1 > n_2$，转速 n_2 下降，这种齿轮传动组合为低速挡。转矩关系，$T_2 > T_1$，从动轴的转矩 T_2 增大了，这就是减速增矩作用。

增速：如果主动轮的齿数比从动轮多，即 $Z_1 > Z_2$，则 $n_1 < n_2$，转速 n_2 增加，这种齿轮传动组合为高速挡。转矩关系，$T_2 < T_1$，从动轴的转矩 T_2 减小了，这就是增速降矩作用。

等速：$Z_1 = Z_2$ 时为等速传动，这种齿轮传动组合为直接挡，转矩传递相同。

2）换挡原理

传动比变化，即挡位改变，当动力不能传到输出轴，这就是空挡。

3）变向原理

相啮合的一对齿轮旋向相反，每经一传动副，其轴方向改变一次。三轴式变速器经两对齿轮传动，其输入轴与输出轴转向一致，实现倒挡要再加一个倒挡轴，变成三对传动副传递动力，则输入轴与输出轴的转向相反。

4．普通齿轮变速器变速传动机构的工作原理（三轴式）

1）手动变速器结构组成

手动变速器主要由传动机构、操纵机构、壳体和盖等组成。

传动机构由齿轮、轴、轴承及同步器组成。

齿轮换挡结构形式有直齿滑动式、接合套式、同步器式。

操纵机构根据所采用的元件形式不同有机械杠杆式和钢索式。

壳体和盖用来安装传力机构和内操纵机构，同时储存润滑油。

2）手动变速器动力传递路线（见图 3-5）

（1）空挡：第二轴换挡的接合套、传动齿轮均处于中间空转的位置，动力不传给第二轴。

（2）一挡：前移一挡、倒挡滑动齿轮与中间轴一挡齿轮咬合。动力经第一轴齿轮，中间轴常咬合齿轮、中间轴齿轮及第二轴一挡、倒挡齿轮，传到第二轴使其顺时针旋转（与第一轴同向）。

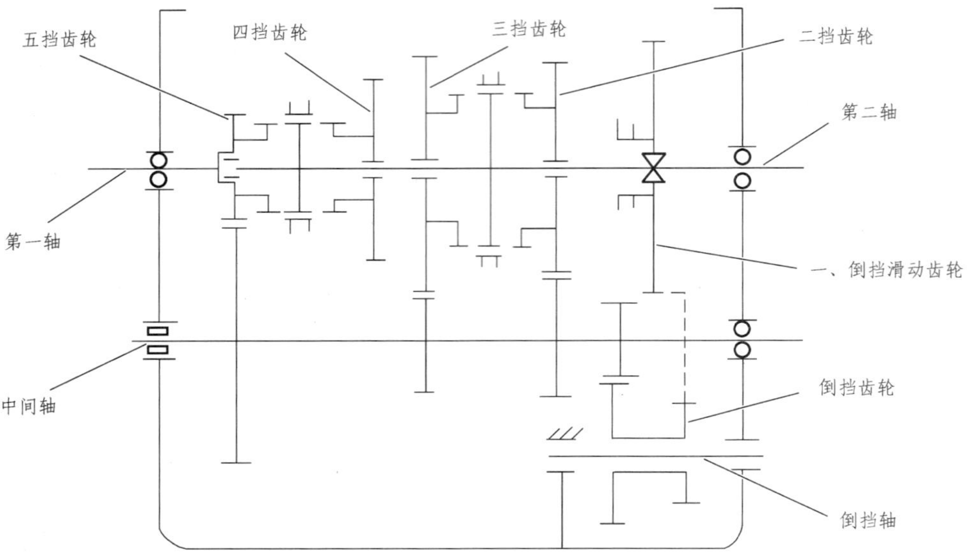

图 3-5　手动变速器动力传递路线

（3）二挡：后移接合套与第二轴二挡齿轮上的齿圈咬合。动力经齿轮、接合套、花键齿毂，传到第二轴使其顺时针旋转。

（4）三挡：前移接合套与第二轴三挡齿轮的齿圈咬合。动力经齿轮、接合套、花键齿毂，传到第二轴使其顺时针旋转。

（5）四挡：后移接合套与第二轴四挡齿轮的齿圈咬合。动力经齿轮、接合套、花键齿毂，传到第二轴使其顺时针旋转。

（6）五挡：前移接合套与第一轴常咬合传动齿轮的齿圈咬合。动力直接由第一轴传到第二轴，传动比为 1。由于第二轴的转速与第一轴相同，故此挡称为直接挡。

（7）倒挡：后移第二轴上的一挡、倒挡齿轮与倒挡齿轮咬合。动力经齿轮，传给第二轴使其逆时针旋转，汽车倒向行驶。

5．手动变速器的检查保养内容

（1）变速器齿轮油的油质检查、液位检查和油液更换。

（2）变速器壳体密封件的检查与更换。

6．变速器检查保养注意事项

（1）注意变速器齿轮油的品牌、型号、油液位置。

（2）在检查、更换齿轮油前，需将车辆运转一定时间，使变速器油温升高至正常工作温度。

（3）注意变速器壳体密封部位泄漏情况。

（4）参考维修手册，注意放油螺栓和加油螺栓拧紧力矩要求。

二、手动变速器油液知识

齿轮油以石油润滑油或合成润滑油为主，加入极压抗磨剂和油性剂调制而成的一种重要的润滑油。它用于各种齿轮传动装置，以防止齿面磨损、擦伤、烧结等，延长其使用寿命，提高传递效率，如图 3-6 所示。

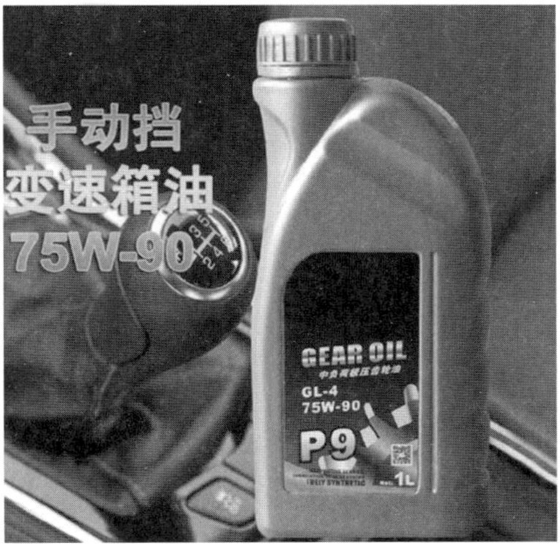

图 3-6　手动挡变速箱油

1．手动变速器油的作用

（1）润滑传动系统，减少齿轮及其他运动部件的磨损，保证传动系统正常运动，延长使用寿命。

（2）减少齿轮传动时的摩擦和传动损失，提高机械效率。

（3）冷却传动机件。齿轮传动时由于齿面接触摩擦会产生大量热量，如不及时散发掉，就会在齿面局部造成高温，严重的还会造成烧蚀和粘接。齿轮油在循环润滑过程中不断将热量带走，通过空气与传动机构壳体散发出去，保证传动机件正常工作。

（4）防止腐蚀与锈蚀。

（5）降低齿面冲击与传动噪声。

（6）齿轮油有洗涤作用，能不断将结在齿轮表面的污染物和固体颗粒冲洗干净。

2．手动变速器油分类

1）按变速器结构不同分类

根据变速器结构的不同，变速器油一般分为手动变速器油、自动变速器油和无级变速器油。手动变速箱油俗称齿轮油，自动变速器油俗称排挡油（ATF），无级变速器油俗称牵引油（CVTF）。即使是同一型号的变速箱配置在不同的车型，其扭矩、重量、转速、结构等都会不同，因此原厂都有自己指定的专用变速箱油，而不同的变速箱油，正是影响换挡品质的原因之一。

2）按使用性能分类

手动变速箱油，一般称为齿轮油，按其使用性能，美国石油学会将汽车齿轮油分 GL-1、GL-2、GL-3、GL-4、GL-5、GL-6 六类。GL-1 ~ GL-3 的性能要求较低，用于一般负荷下的变速箱和转向器等齿轮的润滑。GL-4 用于高速低扭矩、低速高扭矩的准双曲面齿轮及很苛刻条件下工作的其他齿轮。GL-5 用于比 GL-4 更苛刻的低速高扭矩、高速低扭矩和高速、冲击性负荷的准双曲面齿轮。GL-6 用于高速冲击负荷下运转的小客车和其他车辆的各种齿轮，特别是高偏置准双曲面齿轮，偏置大于 5 cm 或接近大齿圈直径的 25%，规定用 GL-6 级齿轮油。

我国参照 API 分类法，根据齿轮的形式和负载情况，把汽车齿轮油分为普通车辆齿轮油、中负荷车辆齿轮油、重负荷车辆齿轮油三个级别。

普通车辆一般齿轮油为 API GL-3。

中负荷车辆一般齿轮油为 API GL-4。

重负荷车辆一般齿轮油为 API GL-5。

3）按黏度分类

车辆齿轮油黏度采用美国汽车工程师学会（SAE）黏度分类法，分为 70W、75W、80W、85W、90、140、250 七个黏度级，其中“W”代表冬用，SAE70W、75W、80W、85W 为冬用油。无“W”字则为非冬用油，90、140 均为夏用油。如“××W/××”为冬夏通用齿轮油，它们是根据 100 ℃ 运动黏度划分的。市场上主要用到的是 SAE75W/90、SAE85W/90、85W/140，该类油是冬夏通用油。

3．手动变速器油性能要求

1）合适的黏度及良好的黏温性

黏度是齿轮油最基本的性能。黏度大，形成的润滑油膜较厚，抗负载能力相对较大。

2）足够的极压抗磨性

极压抗磨性是齿轮油最重要的性质、最主要的特点，是防止运动中齿面磨损、擦伤、胶合的性能。

抗磨、耐负荷性能：由于齿轮负荷一般都在 490 MPa 以上，而双曲线齿面负荷更高，达 2 942 MPa，为防止油膜破裂造成齿面磨损和擦伤，在齿轮油中一般都加入极压抗磨剂，以前常用硫-氯型、硫-磷-氯型、硫-氯-磷-锌型、硫-铅型和硫-磷-铅型添加剂，现在普遍采用硫-磷型或硫-磷-氮型添加剂。

3）良好的抗乳化性

齿轮油遇水发生乳化变质会严重影响润滑油膜形成而引起擦伤、磨损。

4）良好的氧化安定性和热安定性

良好的氧化安定性和热安定性可以保证油品的使用寿命。

5）良好的抗泡性

生成的泡沫不能很快消失将影响齿轮啮合处油膜形成，夹带泡沫使实际工作油量减少，影响散热。

6）良好的防锈防腐蚀性

腐蚀和锈蚀不仅破坏齿轮的几何学特点和润滑状态，腐蚀与锈蚀产物会进一步引起齿轮油变质，产生恶性循环。

齿轮油还应具备其他一些性能，如黏附性、剪切安定性等。目前我国多数中、重负荷工业齿轮油所用的极压添加剂以硫-磷型为主，与国外同类产品质量水平相当。

4．长时间不更换变速器油的危害

导致变速箱换挡操纵机构损坏，造成变速箱内齿轮和离合器片异常磨损，影响变速箱正常工作。

5．变速器油选配

（1）根据齿轮工作条件的苛刻程度选用使用等级。

齿轮工作条件的苛刻程度是由齿轮的类型及其工作时的负荷和表面滑移速度决定的。普通齿轮传动可选用普通车辆齿轮油，准双曲面齿轮传动必须选用准双曲面齿轮油。若汽车在山区或满载拖挂行驶，并经常处于高负荷状态下，工作苛刻、油温较高，也可以选用准双曲面齿轮油。

（2）依据季节气温选择黏度等级。

齿轮油的黏度等级（见表 3-1）一般是根据不同地区或季节的气温情况来选择的。气温高时，选择黏度高的齿轮油；反之，气温低时，选择黏度低的齿轮油。如长江流域及其他地区冬季气温不低于－10 °C 的地区，全年可用 90 号油；长江以北冬季气温不低于－26 °C 的寒区，全年可用 80W/90 油；黑龙江、内蒙古、新疆等冬季气温在-26℃以下的严寒区，冬季使用 75W 号油，夏季换用 90 号油；其他地区全年可用 85W/90 油。

表 3-1 车辆齿轮油黏度级别

车辆齿轮油黏度级别	环境温度/°C
75W	－57～10
80W/90	－25～49
85W/90，85W/140	－15～49
90	－12～49
140	－7～49

6．手动变速器油保养周期

随着变速器油使用寿命的变长，油的质量可能会变差，随着时间的推移会变暗。变速箱齿轮油一般正常行驶情况下，按维修手册要求 2 年或者 6 万 km 更换一次。

三、手动变速器油液更换检查

1．准备阶段

（1）车辆进入工位前将工位卫生清理干净，排除障碍物，准备好相关的工具、物品、耗材等。

（2）将车辆停放在举升机的中央位置，分别将转向盘套、换挡手柄套、座椅套、地板垫进行安装或铺设。

（3）拉紧驻车制动装置，并将变速器置于空挡，如图 3-7 所示。

图 3-7　拉紧驻车制动装置

2．手动变速器油的检查

（1）操纵举升机将车辆举升到适当高度，并可靠锁止提升臂，如图 3-8 所示。

图 3-8　操纵举升机

（2）使用专用接头和棘轮扳手拧松变速器注油塞。然后，接收工具并摆放到工具车上，如图 3-9 所示。

图 3-9　拧松变速器注油塞

注意：禁止使用已严重磨损的工具拆卸加注塞，否则容易造成滑方，给拆卸带来更大困难。

（3）用手旋下注油塞，如图 3-10 所示。

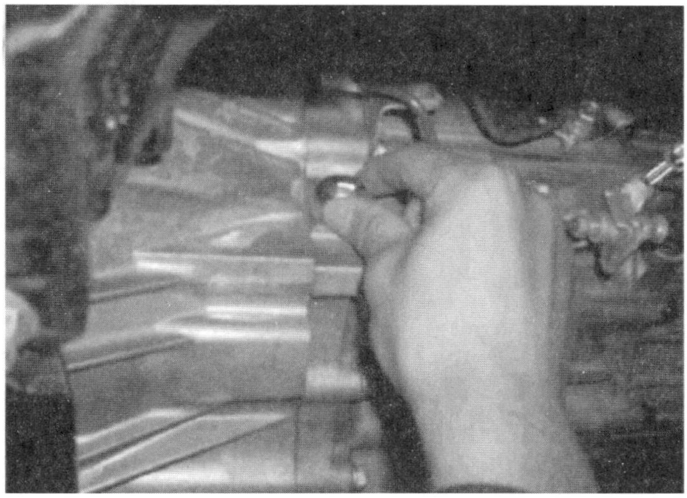

图 3-10　旋下注油塞

（4）将注油塞放到零件车上。

（5）查看变速器内油液位置，如果油液低，应检测变速器油是否泄漏。注意：为了看清油液位置，可以配合灯光照明。变速器油液应位于加注口下边缘 0 ~ 5 mm 范围内，如果变速器油液正常，则将加注塞按照规定力矩拧紧。

3．手动变速器漏油的检查

（1）检查变速器内换挡杆油封处是否漏油。

注意：如有泄漏现象，应更换内换挡杆油封。

（2）检查变速器壳体接合处是否漏油，如图 3-11 所示。

图 3-11　变速器壳体接合处

注意：如果变速器壳体接合处存在漏油现象，应更换衬垫。

（3）检查变速器前油封是否有漏油，如图 3-12 所示。

图 3-12　变速器前油封

注意：检查变速器前油封，如果漏油，应更换前油封。

（4）检查两侧半轴油封处是否漏油，如图 3-13 所示。

图 3-13　两侧半轴油封

注意：如有漏油现象，应更换半轴油封。

4．手动变速器油质检查

（1）松开排放孔，用容器接下部分油液，观察排出油液的情况，是否存在异味，油液是否有浑浊情况。

（2）用手接触油液，看油液中是否存在细小的金属颗粒。

（3）用油液试纸检查油液，如图 3-14 所示。

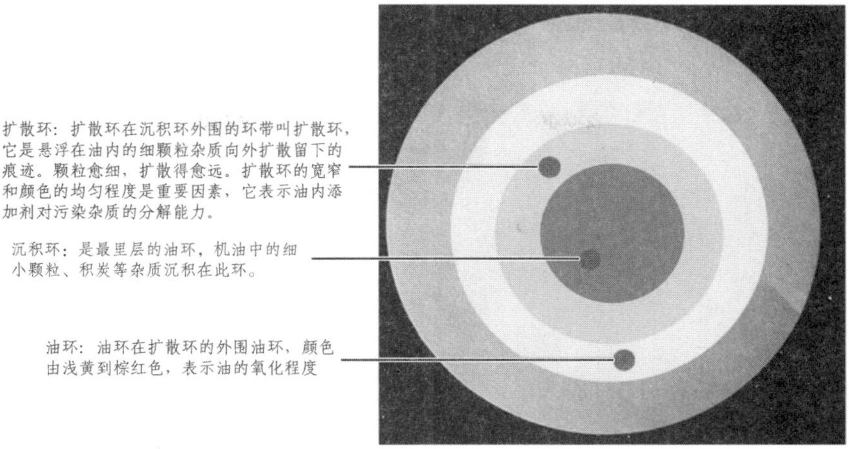

图 3-14　用油液试纸检查油液

5．更换手动变速器油

（1）操纵举升机，将车辆举升到轮胎最低点距离地面约 20 cm 的高度，并可靠锁止提升臂，如图 3-15 所示。

图 3-15　操纵举升机

（2）进入驾驶室，打开点火开关并启动发动机，保持发动机怠速运转，如图 3-16 所示。

图 3-16　打开点火开关

（3）操纵变速手柄，将变速器挂入 1 挡，保持车辆带挡运行状态。2～3 min 后，将变速器挂入空挡，并关闭点火开关，停止发动机运转，如图 3-17 所示。

图 3-17　操纵变速手柄

注意：车辆带挡短时间空载运行，目的是提高变速器温度，降低油液黏稠度，有利于彻底放油，减少变速器内残余油量。寒冷季节，预热变速器油尤为重要。

（4）操纵举升机，将车辆举升适当高度后，可靠锁止提升臂，如图 3-18 所示。

图 3-18　操纵举升机

（5）将回收桶推至变速器下方，并正对放油塞，如图 3-19 所示。

图 3-19　放置回收筒

（6）使用接头和棘轮扳手拧松变速器放油塞和加油塞，如图 3-20 所示。

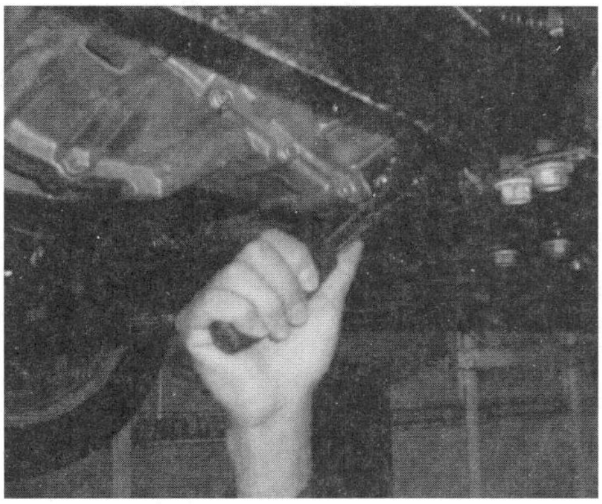

图 3-20　拧松变速器放油塞和加油塞

（7）用手旋下变速器放油塞和加油塞，如图 3-21 所示。

图 3-21　旋下变速器放油塞

注意：旋下放油塞时注意观察剩余多少螺纹，当观察剩余 1～2 圈螺纹时，转动并同时向里推放油塞，螺纹全部旋出后，快速移开放油塞，油液急速流入回收桶，防止油液流到手上或身上。

（8）待变速器放油口处油液不再滴落时，更换新垫片后，用手旋上放油塞。

（9）将回收桶移至规定位置。

（10）使用专用接头和棘轮扳手，将放油塞拧紧到规定力矩，如图 3-22 所示。

注意：放油塞拧紧力矩要符合规定要求，若力矩过大，则会造成放油塞滑扣；若力矩过小，则会导致放油塞处漏油。

（11）接收工具，擦拭后摆放到零件车上。之后，将加油车推移至变速器下方。

（12）将加油管插入变速器加油口中。

（13）反复按压加油机加压手柄，将油液注入变速器中。

（14）观察变速器加油口，如有油液溢出，则停止加油。

注意：在加油口下方放置棉纱（见图 3-23），防止油液滴落到地面上。

（15）接收加油管，将加油机移至规定位置。

（16）更换垫片后，用手旋上加油塞。使用专用接头和棘轮扳手，将加油塞拧紧到规定力矩。

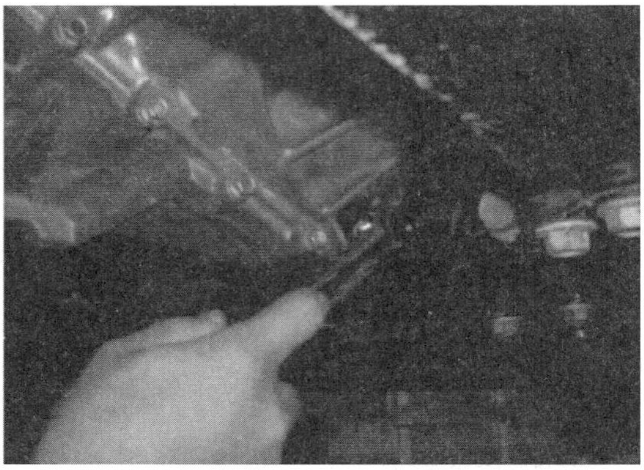

图 3-22　紧固放油螺栓

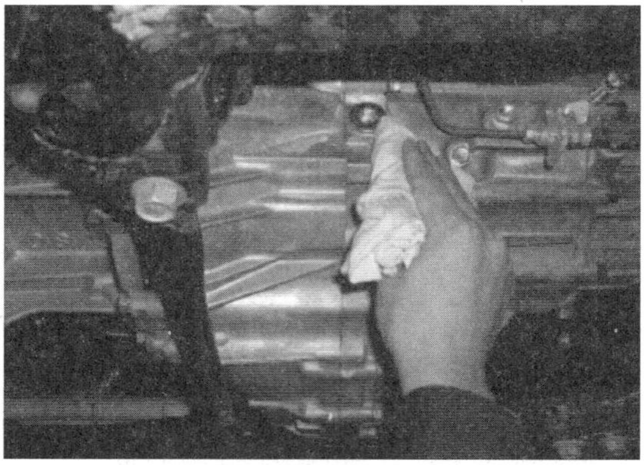

图 3-23　放置棉纱

（17）操纵举升机，将车辆举升到轮胎最低点距离地面约 20 cm 的高度，并可靠锁止提升臂。

（18）进入驾驶室，打开点火开关并启动发动机，操纵变速手柄，变换挡位，保持车辆带挡运行状态。3～5 min 后，将变速器挂入空挡，并关闭点火开关，停止发动机运转。

注意：车辆带挡运行，一是检验变速器换挡性能，二是提高变速器油温度，便于检查泄漏。

（19）操纵举升机，将车辆举升适当高度后，可靠锁止提升臂。

（20）检查变速器的放油塞和加油塞处，油液是否有泄漏，如图 3-24 所示。

图 3-24　检查油液泄漏

操纵举升机，将车辆降落到地面上。清洁地面卫生，整理工位，拆除护裙、驾驶室内保护罩，整理工具。

四、手动变速器壳体密封件检查和更换

1. 密封件检查

手动变速器密封件主要有输入轴油封、输出轴油封、壳体密封垫、换挡杆防尘套等。

1）检查密封件

检查壳体密封垫和油封。油封若出现老化、磨损、变形、沟痕与弹簧损坏脱落，应及时更换油封，以确保变速器油封之间的密封性。

2）检查通气孔

变速箱通气孔堵塞，变速箱工作时与外界大气隔绝，造成箱内压力升高，也使油从堵塞处渗出，应检查通气孔，保持变速箱通气孔畅通，减少箱内的压力，防止漏油。

3）检查其他部件

如果变速器轴颈偏磨或凹陷，与油封配合不严，也会造成漏油状况，应更换或修复偏磨和凹陷的轴颈。

2. 密封件更换

当手动变速器出现渗漏情况时，需要对变速器进行拆卸、分解，更换相应密封件，如图 3-25 所示。

图 3-25　手动变速器渗漏

五、手动变速器总成拆装

1. 总成拆卸

参考维修手册进行拆卸。

（1）把车辆开到合适举升器上。

（2）变速器换挡到停车位或空挡。

（3）拆下蓄电池搭铁线，拆下里程表软轴。

（4）举升车辆，排放齿轮油。

（5）拆除变速器与离合器相连接部件和其他连接螺栓。

（6）拆下发动机中间支架，拆除发动机排气装置。

（7）将传动轴从变速器上拆下。

（8）拔下相关线束接头，拆除变速器壳前下保护板。

（9）拆卸变速器杆连接件以及其他相关连接件。

（10）用变速器托架将变速箱轻轻举起，用大木块支撑发动机，并将举升器顶置于油底壳下，注意别将举升器放在油底壳放油螺塞处（见图 3-26）。

（11）拆下变速器下部与发动机之间的连接螺栓，用撬棒撬动变速器使之与发动机分离。

（12）小心地将变速器总成向下取出。

图 3-26　放置变速箱托举架

2．总成安装

（1）按拆卸相反顺序安装变速器总成。

（2）参考维修手册，注意各种螺栓拧紧顺序和力矩要求。

（3）确认各电器开关处于关闭状态时，再连接蓄电池搭铁线。

（4）按规定型号和数量加入齿轮油后才能启动发动机。

任务二　传动系离合器检查保养

知识目标

- 1. 了解离合器的结构和工作原理；
- 2. 掌握离合器油液检查、补充、更换的方法；
- 3. 掌握离合器油路检查和油路空气排放方法；
- 4. 掌握离合器踏板检查与调整方法；
- 5. 掌握离合器总成拆装工艺。

技能目标

- ◆ 1. 能进行离合器油液检查、补充、更换；
- ◆ 2. 能进行离合器油路检查和油路空气排放；
- ◆ 3. 能进行离合器踏板检查与调整；
- ◆ 4. 能进行离合器总成拆装。

离合器位于发动机和变速箱之间的飞轮壳内，用螺钉将离合器总成固定在飞轮的后平面上，离合器的输出轴就是变速箱的输入轴。在汽车行驶过程中，驾驶员可根据需要踩下或松开离合器踏板，使发动机与变速箱暂时分离和逐渐接合，以切断或传递发动机向变速器输入的动力。

一、离合器的结构和工作原理

1．离合器的作用

1）保证汽车平稳起步

起步前汽车处于静止状态，如果发动机与变速箱是刚性连接的，一旦挂上挡，汽车将由于突然接上动力而前冲，不但会造成机件的损伤，而且驱动力也不足以克服汽车起步所需要牵引力，使发动机转速急剧下降而熄火。如果在起步时利用离合器暂时将发动机和变速箱分离，然后离合器逐渐接合，由于离合器的主动部分与从动部分之间存在着滑磨的现象，可以使离合器传出的扭矩由零逐渐增大，而汽车的驱动力也逐渐增大，从而让汽车平稳地起步。

2）便于换挡

汽车行驶过程中，经常换用不同的变速箱挡位，以适应不断变化的行驶条件。如果没有离合器将发动机与变速箱暂时分离，那么变速箱中啮合的传动齿轮会因载荷没有卸除，其啮合齿轮面间的压力很大而难以分开。另一对待啮合齿轮会因二者圆周速度不等而难于啮合，即使强行进入啮合也会产生很大的齿端冲击，容易损坏机件。利用离合器使发动机和变速箱暂时分离后进行换挡，则原来啮合的一对齿轮因载荷卸除，啮合面间的压力大大减小，就容易分开。而待啮合的另一对齿轮，由于主动齿轮与发动机分开后转动惯量很小，采用合适的换挡动作就能使待啮合的齿轮圆周速度相等或接近相等，从而避免或减轻齿轮间的冲击。

3）防止传动系统过载

汽车紧急制动时，车轮突然急剧降速，而与发动机相连的传动系统由于旋转的惯性，仍保持原有转速，这往往会在传动系统中产生远大于发动机扭矩的惯性力，使传动系统的零件容易损坏。由于离合器是靠摩擦力来传递转矩的，所以当传动系统内载荷超过摩擦力所能传递的转矩时，离合器的主、从动部分就会自动打滑，因而起到了防止传动系统过载的作用。

4）降低扭振冲击

汽车发动机的工作原理决定了输出扭矩的不平稳。在做功冲程，燃烧室气体爆炸产生极大冲击扭矩，而在其他冲程，却是靠惯性反拖发动机。虽然发动机本身转动系统具有的惯性可降低扭振，但剩余的冲击力仍然对后续的变速箱、传动轴产生不利影响。而离合器中的减振弹簧（见图 3-27），可显著降低发动机带来的扭振冲击，延长变速齿轮寿命。

图 3-27 离合器减振弹簧

2. 离合器的组成

离合器由主动部分、从动部分、压紧机构、操纵机构四部分组成。

1）主动部分

离合器主动部分包括飞轮、离合器盖和压盘。离合器盖通过螺栓固定在飞轮上，压盘通过联动片连接在离合器盖上，都随曲轴一起旋转。

2）从动部分

离合器从动部分包括从动盘和从动轴。从动盘带有双面的摩擦衬片，离合器正常接合时分别与飞轮和压盘相接触；从动盘通过花键毂装在从动轴的花键上，从动轴是手动变速器的输入轴（一轴），其前端通过轴承支承在曲轴后端的中心孔中，后端支承在变速器壳体上。

3）压紧机构（见图 3-28）

若干根沿圆周均匀布置的压紧弹簧，装在压盘与离合器盖之间，用来将压盘和从动盘压向飞轮，使飞轮、从动盘和压盘三者压紧在一起。

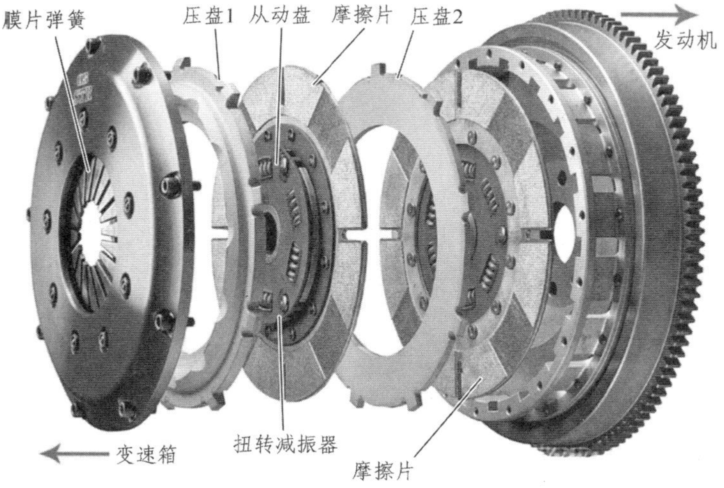

图 3-28 压紧机构

4）操纵机构（见图 3-29）

离合器操纵机构分为机械式和液压式。

机械式由离合器踏板、分离拉杆、调节叉、分离叉、分离套筒、分离轴承、分离杠杆、回位弹簧等组成。

液压式由离合器踏板、离合器总泵、油管、离合器分泵、分离叉、分离套筒、分离轴承、分离杠杆、回位弹簧等组成。

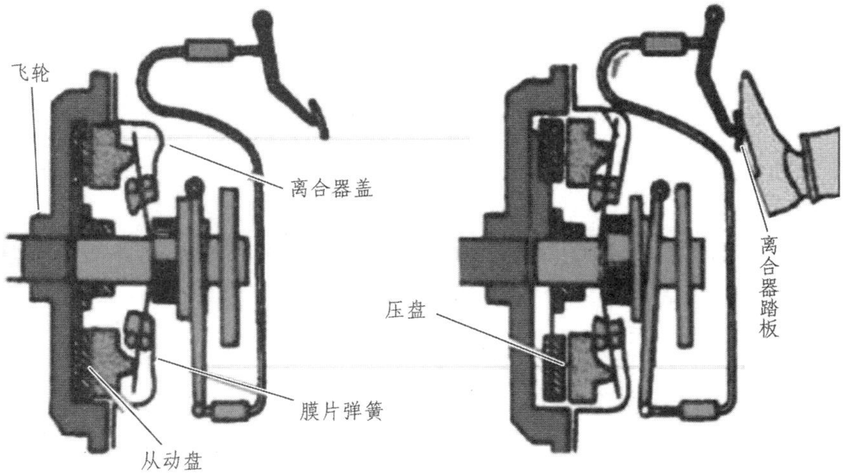

图 3-29　操纵机构

3．离合器的工作原理

1）接合状态

离合器在接合状态下，操纵机构各部件在回位弹簧的作用下回位，分离杠杆内端与分离轴承之间保持有一定的间隙，压紧弹簧将飞轮、从动盘和压盘三者压紧在一起，发动机的转矩经过飞轮及压盘通过从动盘两摩擦面的摩擦作用传给从动盘，再由从动轴输入变速器。

2）分离过程

分离离合器时，驾驶员踩下离合器踏板，分离套筒和分离轴承在分离叉的推动下，先消除分离轴承与分离杠杆内端之间的间隙，然后推动分离杠杆内端前移，使分离杠杆外端带动压盘克服压紧弹簧作用力后移，摩擦作用消失，离合器的主、从动部分分离，中断动力传动。

3）接合过程

接合离合器时，驾驶员缓慢抬起离合器踏板，在压紧弹簧的作用下，压盘向前移动并逐渐压紧从动盘，使接触面之间的压力逐渐增加，摩擦力矩也逐渐增加；当飞轮、压盘和从动盘之间接合还不紧密时，所能传动的摩擦力矩较小，离合器的主、从动部分有转速差，离合器处于打滑状态；随着离合器踏板的逐渐抬起，飞轮、压盘和从动盘之间的压紧程度逐渐紧密，主、从动部分的转速也渐趋相等，直到离合器完全接合而停止打滑，接合过程结束，如图 3-30 所示。

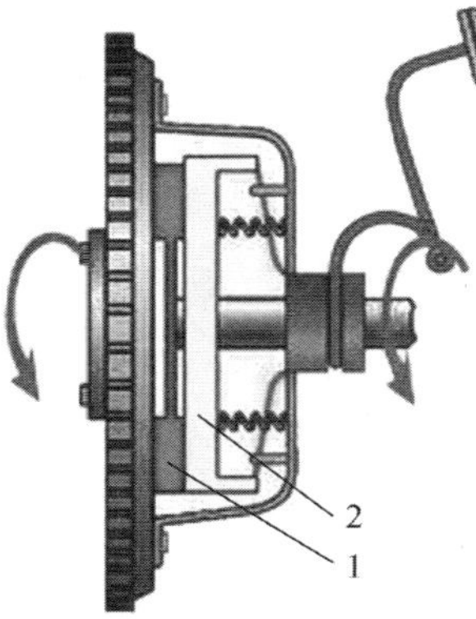

踩下离合前，摩擦盘（1）在压盘（2）的作用力下，迫使摩擦盘与飞轮一起转动，传递动力。

（a）踩离合前

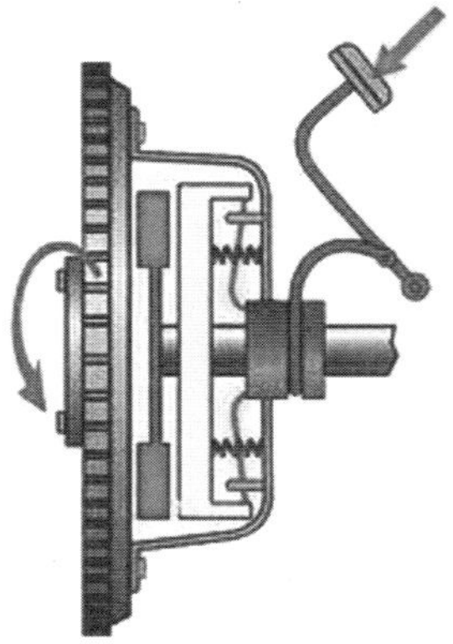

踩离合后，在分离器的作用下，压盘向右移动，摩擦盘与飞轮分离，中断动力传递。

（b）踩离合后

图 3-30　摩擦式离合器工作原理

4. 离合器的检查保养内容

（1）离合器油的检查和更换。

（2）离合器油路泄漏检查和油路空气排放。

（3）离合器踏板高度、自由行程检查和调整。

5. 离合器检查保养注意事项

（1）注意离合器油的品牌、型号、油液位置。

（2）注意油路空气必须彻底排放干净。

（3）参考维修手册数据，确定离合器踏板高度、自由行程检查和调整标准。

二、离合器油液检查、补充和更换

1. 清理工位

清洁工位地面卫生，排除障碍物，准备好相关工具和物品。

2. 停放车辆

将车辆停在举升机中央位置。

3. 做好防护

（1）拉紧驻车制动器；

（2）将变速杆置于空挡位置；

（3）打开发动机仓盖，并支好发动机仓盖；

（4）粘贴翼子板护裙，铺好地板垫，安装座垫护套、方向盘套、变速杆套。

4. 离合器油液检查

（1）检查储液罐油面，应在 MAX 与 MIN 刻度之间的位置；

（2）如果液面低于规定位置，则需要补充添加油液。

5. 离合器油液补充

（1）在补充前应确定所补充的油液与原有油液的型号品牌保持一致（如不一致，应将原有油液放干净，再重新添加）。

（2）在关闭点火开关的情况下，将储液罐上的传感器插头拔下。

（3）拆下储液罐盖，加入工作油液。补充时，将油液加至两刻度之间即可。

（4）用棉纱擦干净油口处的油迹，旋紧储液罐盖，安装传感器插头。

6. 离合器油液的更换

（1）排放液压系统的旧工作液。

① 拔下储液罐盖上的传感器插头，旋下储液罐盖。

② 用举升机将车辆举到适当的高度后，可靠锁止提升臂。

③ 用一根塑料软管一端接在离合器分泵放气阀上，另一端放到一个接油容器内。

④ 用梅花扳手拧松离合器分泵放气阀。

⑤ 连续踩下离合器踏板。

⑥ 观察液压系统的油液排放情况，当油液不再排出时，停止踩踏并放松踏板。

（2）清洗液压管路。

① 将车辆落到地面，将新鲜油液加入储液罐内。加入时，应尽量加满，但不能溢出。

② 再将车辆举升到适当的位置。

③ 连续踩踏离合器踏板，同时观察排出的油液的色泽，当有新鲜油液排出时，告知另一人停止踩踏。

④ 将分泵放气阀拧紧。

（3）液压系统排气。

① 将车辆落下。

② 检查储液罐油面，补充油液到 MAX 刻度线稍上位置。

③ 再将车辆举升到适当的位置。

④ 连续踩离合器踏板，最后应将踏板踩到极限位置。

⑤ 这时拧松放气阀，可看到带有气泡的油液从排气阀喷射出来。然后将排气阀拧紧（见图 3-31）。

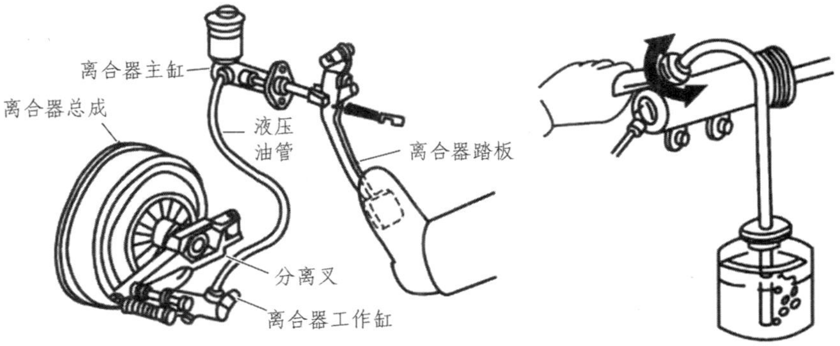

图 3-31　离合器油液更换、排气

⑥ 再重复④⑤的操作步骤，直到排气阀喷出的油液中不含有气泡为止。

⑦ 拧紧排气阀。

⑧ 将车辆落到地面。

⑨ 检查储液罐油面，不够则添加到规定位置。

以上步骤两人配合完成。

三、离合器踏板检查与调整

1. 离合器踏板高度调整

（1）卷起地毯。

（2）根据维修手册技术标准检查并确认离合器踏板高度。

（3）松开离合器踏板限位螺母并转动离合器踏板限位螺栓直至达到正确高度。

（4）紧固离合器踏板限位螺母至规定扭矩（见图 3-32）。

（5）将地毯安装至其初始位置。

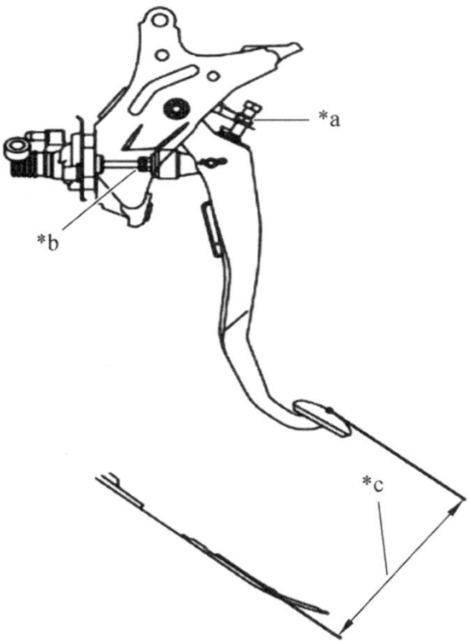

*a—踏板高度调节点；*b—推杆行程和自由行程调节点；
*c—离合器踏板高度。

图 3-32　离合器踏板机构

2. 检查离合器踏板自由行程和推杆行程

（1）检查并确认离合器踏板自由行程和推杆行程。

提示：踩下离合器踏板直至开始感觉到离合器阻力时为测量点。

（2）如有必要，调节离合器踏板自由行程和推杆行程。

提示：可通过改变推杆长度调节推杆行程。离合器踏板自由行程和推杆行程一同改变。

① 松开离合器主缸推杆锁紧螺母并转动推杆，直至获得正确的自由行程和推杆行程（见图 3-33），如果即使调节后离合器踏板自由行程和推杆行程仍不在规定范围内，则检查相关零件。

② 紧固离合器主缸推杆锁紧螺母。

③ 调节离合器踏板自由行程和推杆行程后，检查离合器踏板高度。

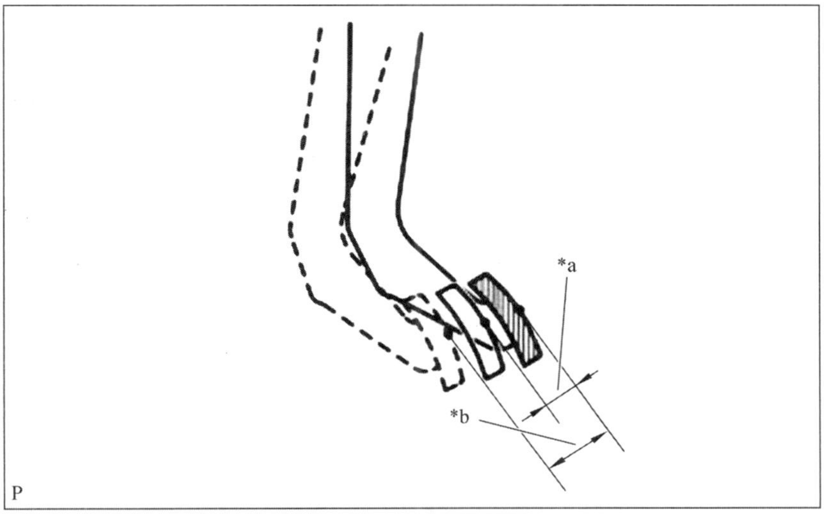

*a—推杆行程；*b—离合器踏板自由行程。

图 3-33　离合器自由行程

（3）检查离合器分离点。

注意：检查离合器分离点时确保车辆固定。

① 检查离合器分离点。

a. 确保施加驻车制动并用车轮挡块固定。

b. 启动发动机并使其怠速运转。

c. 未踩下离合器踏板的情况下，缓慢移动换挡杆至 R，直到齿轮接触。

d. 轻轻踩下离合器踏板，并测量从齿轮噪声停止点（分离点）到踏板行程结束位置的行程距离。标准距离为 25 ~ 30 mm 或更长（自踏板行程结束位置至分离点）。

② 如果距离不符合规定，则执行以下程序。

a. 检查离合器踏板高度。

b. 检查推杆行程和离合器踏板自由行程。

c. 对离合器管路放气。

d. 检查离合器盖总成和离合器盘总成。

四、离合器总成拆装

1．离合器的拆卸

1）拆卸离合器分离叉总成

从手动传动桥总成上拆下带离合器分离轴承总成的离合器分离叉总成（见图 3-34）。

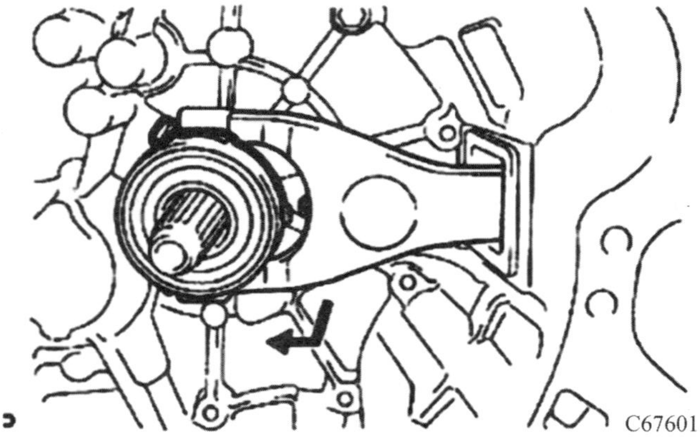

图 3-34　拆卸离合器分离叉总成

2）拆卸离合器分离轴承总成

从离合器分离叉总成上拆下离合器分离轴承总成（见图 3-35）。

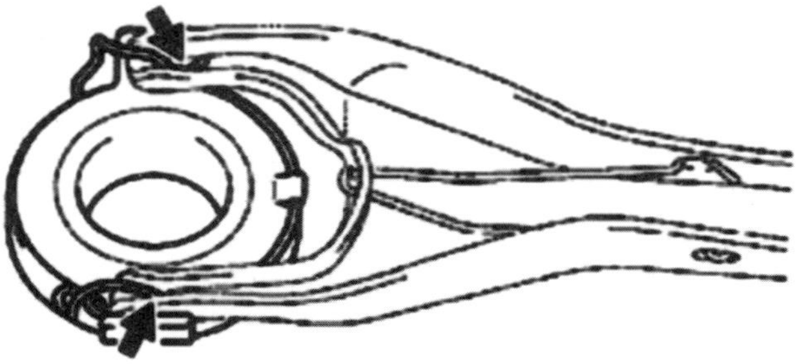

图 3-35　拆卸离合器分离轴承总成

3）拆卸分离轴承毂卡子

从离合器分离轴承总成上拆下分离轴承毂卡子（见图 3-36）。

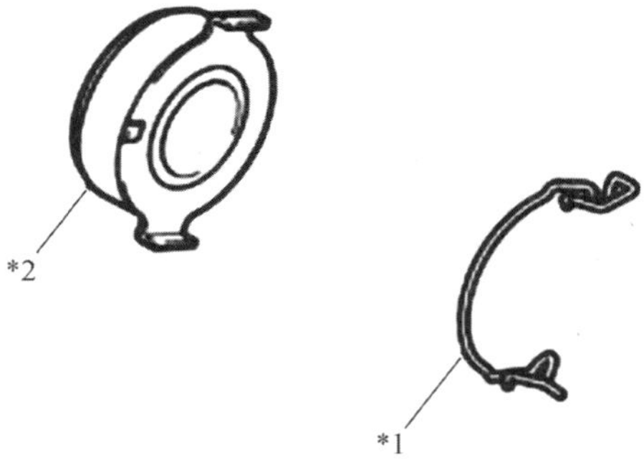

*1—分离轴承毂卡子；*2—分离轴承。

图 3-36　拆卸分离轴承毂卡子

4）拆卸离合器分离叉防尘套

从手动传动桥总成上拆下离合器分离叉防尘套（见图 3-37）。

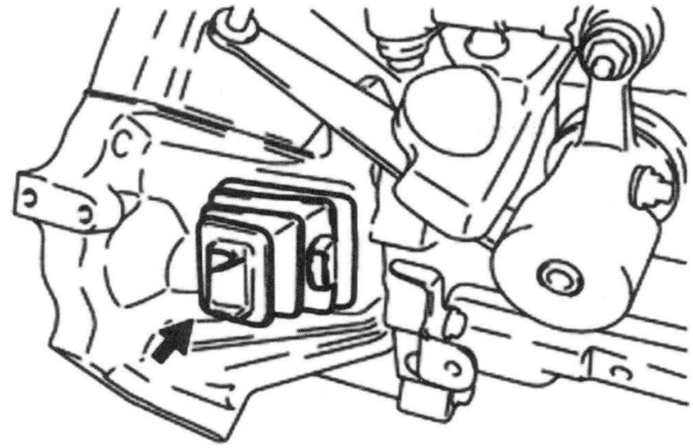

图 3-37　拆卸离合器分离叉防尘套

5）拆卸分离叉支撑件

从手动传动桥总成上拆下分离叉支撑件（见图 3-38）。

图 3-38　拆卸分离叉支撑件

6）拆卸离合器盖总成

（1）在离合器盖和飞轮上做装配标记。

（2）每次将各螺栓拧松 360°，直至弹簧张力释放。

（3）拆下 6 颗螺栓和离合器盖总成。

7）拆卸离合器盘总成

注意：使离合器盘总成摩擦片部位、压盘和飞轮分总成表面远离油污和异物。

2．离合器的安装

1）安装离合器盘总成

将专用定位工具 SST 插入离合器盘总成，然后将它们一起插入飞轮后端定位孔（见图 3-39）。

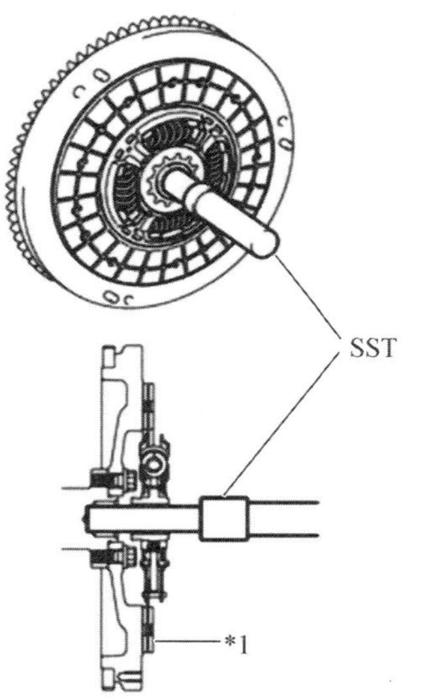

*1—摩擦片。

图 3-39 安装用定位工具

2）安装离合器盖总成

（1）将离合器盖总成上的装配标记与飞轮上的标记对齐。

（2）按照图 3-40 中所示步骤，从位于顶部锁销附近的螺栓开始，按顺序紧固 6 颗螺栓到规定力矩。逐一将螺栓紧固均匀检查并确认离合器盘总成置中后轻轻地上下、左右移动 SST。

3）检查并调节离合器盖总成

（1）用带滚子仪的百分表检查膜片弹簧顶端高度偏差（见图 3-41）。最大偏差为 0.5 mm。

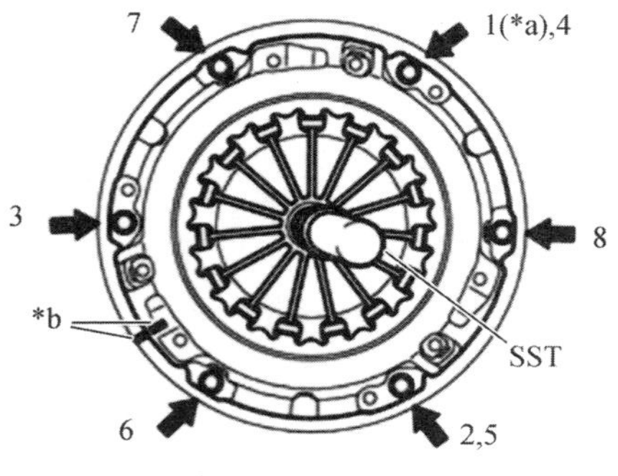

图 3-40 紧固螺栓

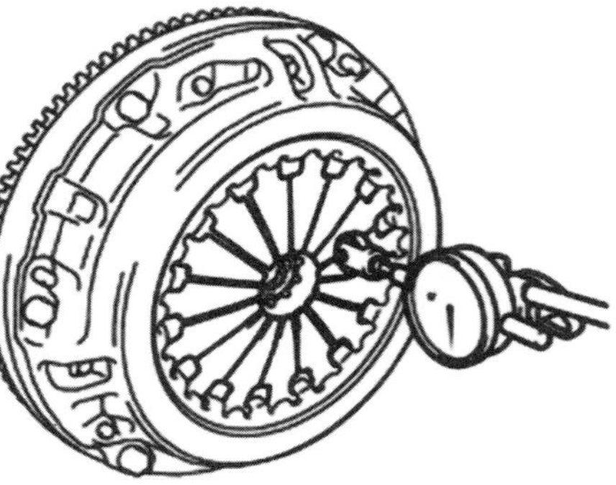

图 3-41 检查膜片弹簧顶端高度偏差

（2）如果偏差不符合规定，则使用 SST 调节膜片弹簧顶端高度偏差（见图 3-42）。

4）安装分离叉支撑件

将分离叉支撑件安装到手动传动桥总成上。

5）安装离合器分离叉防尘套

将离合器分离叉防尘套安装到手动传动桥总成上。

6）安装分离轴承毂卡子

将分离轴承毂卡子安装到离合器分离轴承总成上。

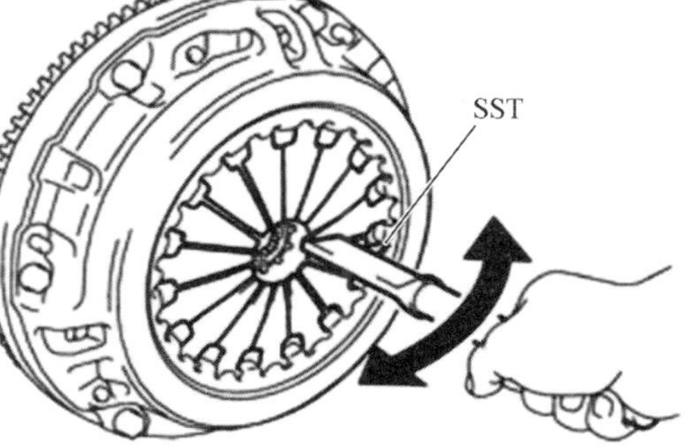

图 3-42　调节膜片弹簧顶端高度偏差

7）安装离合器分离叉分总成

（1）在离合器分离叉总成和离合器分离轴承总成、离合器分离叉总成和分离缸推杆、离合器分离叉总成和分离叉支撑件之间的接触面上涂抹润滑脂。

（2）将带离合器分离轴承总成的离合器分离叉总成安装到手动传动桥总成上（见图 3-43）。

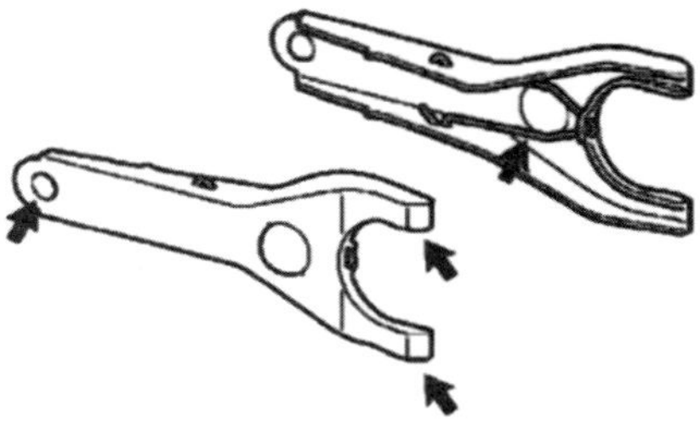

图 3-43　离合器分离叉总成

8）安装离合器分离轴承总成

（1）在输入轴花键上涂抹润滑脂。注意不要在图 3-44 中所示的 A 部位涂抹润滑脂。

（2）将带离合器分离叉分总成的离合器分离轴承总成安装到手动传动桥总成上。安装后，前后移动分离叉以检查并确认分离轴承滑动平稳。

图 3-44　在输入轴花键上涂抹离合器花键润滑脂

9）离合器装配注意事项

（1）离合器盖与压盘及膜片弹簧的对合标记要对齐。

（2）各支点和轴承表面以及分离轴承在组装时应涂上润滑脂。

（3）离合器从动盘有减振器盘的一面应朝向压盘方向安装。

（4）安装离合器压盘总成时，需要导向定位器或变速器输入轴进行中心定位，使从动盘与压盘同心，以便安装输入轴。

（5）压盘必须与飞轮接触，才可紧固螺栓。紧固时按对角线逐次拧紧，紧固到规定力矩。

（6）分离叉轴两端必须同心。

（7）离合器分离叉轴传动臂的安装位置必须距固定拉索螺母架规定距离。

（8）应将离合器踏板的自由行程调到 15 ~ 25 mm。

任务三　分动变速系统检查保养

知识目标

- 1. 了解分动器的结构、工作原理；
- 2. 掌握分动器油位和油质检查的方法；
- 3. 掌握分动器油液更换的方法；
- 4. 掌握分动器壳体密封件检查和更换流程；
- 5. 掌握分动器拆装流程。

技能目标

- 1. 能进行分动器油位和油质检查；
- 2. 能进行分动器油液更换；
- 3. 能进行分动器壳体密封件检查和更换；
- 4. 能进行分动器拆装。

一、分动器概述

1. 分动器的功用

分动器的功用就是将变速器输出的动力分配到各驱动桥，并且进一步增大扭矩。分动器也是一个齿轮传动系统，它单独固定在车架上，其输入轴与变速器的输出轴用万向传动装置连接，分动器的输出轴有若干根，分别经万向传动装置与各驱动桥相连。

分动器一般装于多桥驱动汽车的变速器之后，用于传递和分配动力至各驱动桥，兼作副变速器之用。常设两个挡，低挡又称为加力挡。为了不使后驱动桥超载，常设连锁机构，只有接合前驱动桥以后才能挂上加力挡，并用于克服汽车在坏路面上和无路地区较大的行驶阻力及获得最低稳定车速。高挡为直接挡或减速挡。

2. 分动器的类型

1）不带轴间差速器的分动器

各输出轴具有相同转速，而转矩分配则与该驱动轮的阻力及其传动机构的刚度有关。这种结构的分动器在挂低挡时同时接通前驱动桥，挂高挡时前驱动桥与传动系统分离，使其变为从动桥，以避免发生功率循环，并降低汽车在好路面上行驶时的动力消耗及轮胎等的磨损。

2）带轴间差速器的分动器

各输出轴可以以不同的转速旋转，而转矩分配则由差速器传动比决定。可将转矩按轴荷等比例地分配到各驱动桥。装用这种分动器的汽车，不仅挂加力挡，而且挂分动器高挡时都可以得到全轮驱动，以充分利用附着质量及附着力，提高汽车在各种路面上的牵引性能。轴间差速器可消除多桥驱动汽车的功率循环，但却降低了汽车的抗滑能力，故常需加装差速锁。

3）装超越离合器的分动器

利用前、后轮的转速差使后轮滑转时自动接上前驱动桥，倒挡时则用另一超越离合器工作。

3．分动器的结构

分动器（见图 3-45）是一套齿轮传动系统，主要由输入轴、输出轴、齿轮传动组、换挡机构、壳体等组成。

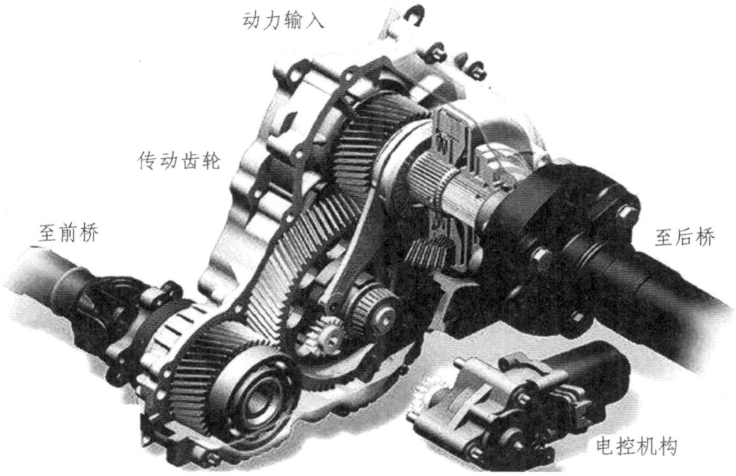

图 3-45　齿轮传动式分动器

4．分动器的工作原理

分动器操纵机构有如下要求：非先接上前桥不得挂上低速挡，非先退出低速挡不得摘下前桥。

以下为博格华纳分动器及前驱动桥离合的控制原理

（1）分动器在 4WD 和 2WD 之间切换时有以下的基本逻辑：驾驶员通过按钮，将意图传达给 ECU，ECU 指令电磁同步装置开始工作，又指令换挡马达将分动器挡位挂到 4H，在挂上 4H 后，过 4 s 等转速差为零后，ECU 再指令前桥离合器工作，使前轴接合。前轴接合 5 s 后，电磁同步装置停止工作。

（2）博格华纳电控分动器的 ECU 读取车速信号、离合器作动信号、分动器位置信号、前轴离合器位置信号，在经过 ECU 的逻辑运算后，可合理地控制分动器和前驱动轴离合器的动作逻辑关系，以实现高速时 2WD 和 4WD 之间的切换，同时也合理地控制前驱动轴离合器的工作状态。另外，为了实现在高速条件下 2WD 和 4WD 之间的切换，博格华纳电控分动器在 2WD 与 4WD 之间切换机构上设置有类似于套筒的机构，这个机构是一个电磁铁的机构，可实现齿轮间转速差的迅速同步，如图 3-46 所示。

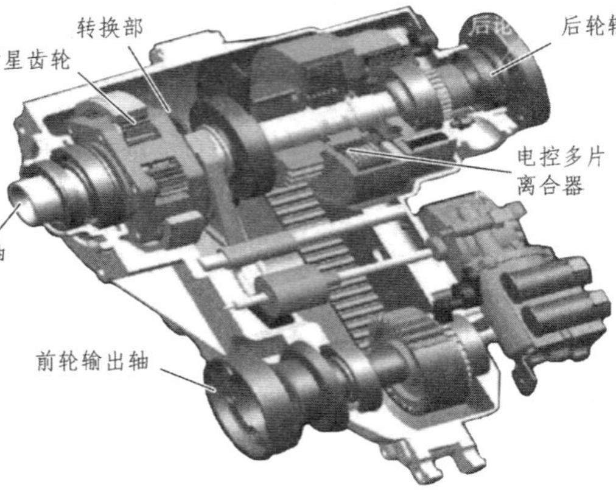

图 3-46 博格华纳电控分动器

5．分动器的检查保养内容

（1）分动器齿轮油的油质检查、液位检查和更换。

（2）分动器壳体密封件的检查与更换。

6．分动器检查保养注意事项

（1）注意分动器齿轮油的品牌、型号和油液位置。

（2）在检查、更换齿轮油前，需将车辆运转一定时间，使分动器油温升高至正常工作温度。

（3）注意分动器壳体密封部位泄漏情况。

（4）参考维修手册，注意放油螺栓和加油螺栓拧紧力矩要求。

二、分动器油位和油质检查

注意事项：在检查或更换润滑油前，须将车运转一定时间，使分动器油温升高至正常工作温度。不要用锤子或其他有冲击性的工具打开或拧紧放油塞和注油塞（见图 3-47），否则会破坏壳体上的螺纹孔。

（1）将注油塞以及周围区域清理干净。

（2）拧开注油塞，检查油是否可以流出来。

（3）如果油不能流出，说明实际油量低于规定值，应向分动器内加入指定的齿轮油，直到油开始从注油孔中流出为止。

（4）用吸管器取出齿轮油，用试纸检查油质情况。

（5）拧紧注油塞，拧紧到规定力矩。

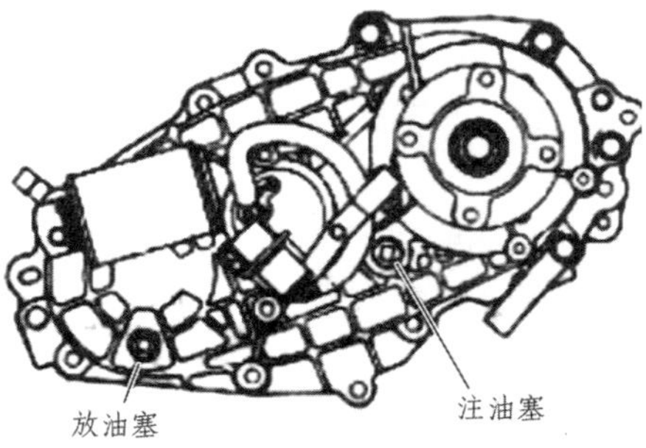

图 3-47 放油塞与注油塞位置

三、分动器油液更换

（1）将注油塞和放油塞及周围清理干净。

（2）分动器下方放置一个盛油的容器。

（3）拧开放油塞。

（4）拧开注油塞。

（5）将齿轮油放干净。

（6）安装并拧紧放油塞，拧紧到规定力矩。

（7）从注油孔加入齿轮油，直到油开始流出为止。

（8）安装并拧紧注油塞，拧紧到规定力矩。

四、分动器拆装、检查

1. 总成拆卸

参考维修手册进行拆卸。

（1）把车辆开到合适举升器上。

（2）变速器换挡到停车位或空挡，分动器换到 2H 位。

（3）拆下蓄电池搭铁线，断开与之相连接的线束。

（4）举升车辆，排放齿轮油。

（5）拆除分动器与变速器相连接部件。

（6）拆卸前后两段传动轴。

（7）用变速器托架举起变速器和分动器。

（8）拆卸分动器操纵部件以及其他相关连接件。

（9）拆卸分动器与变速器连接螺栓。

（10）取下分动器。

2. 总成检查

（1）检查分动器换挡罩密封情况。

（2）检查分动器换挡操纵机构运动情况。

（3）检查分动器壳体密封件密封情况。

3. 总成安装

（1）按拆卸相反顺序安装分动器总成。

（2）安装之前，确保分动器与变速器对齐。

（3）在分动器和变速器结合面涂抹密封胶。

（4）参考维修手册，注意各种螺栓拧紧顺序和力矩要求。

（5）确认各电器开关处于关闭状态时，再连接蓄电池搭铁线。

（6）按规定型号和数量加入齿轮油后才能启动发动机。

任务四　后驱传动系统检查保养

知识目标

- ◆ 1. 了解后驱动桥的结构和工作原理；
- ◆ 2. 了解后驱动桥齿轮油的检查、更换方法；

- 3. 掌握后驱动桥壳体密封件检查和更换方法；
- 4. 掌握后驱动桥差速器总成拆装流程。

技能目标

- 1. 能进行后驱动桥齿轮油检查；
- 2. 能进行后驱动桥齿轮油液更换；
- 3. 能进行后驱动桥壳体密封件检查与更换；
- 4. 能进行后驱动桥差速器总成拆装。

一、后驱动桥的结构和工作原理

1．后驱动桥的功用

（1）将万向传动装置传来的发动机转矩通过主减速器、差速器、半轴等传到驱动车轮，实现降速增大转矩。

（2）通过主减速器圆锥齿轮副改变转矩的传递方向。

（3）通过差速器实现两侧车轮差速作用，保证内、外侧车轮以不同转速转向。

（4）通过桥壳体和车轮实现承载及传递力矩作用。

2．驱动桥设计应满足的基本要求

（1）选择的主减速比应能保证汽车具有最佳的动力性和燃料经济性。

（2）外形尺寸要小，保证有必要的离地间隙。主要是指主减速器尺寸尽量小。

（3）齿轮及其他传动件工作平稳，噪声小。

（4）在各种转速和载荷下具有高的传动效率。

（5）在保证足够的强度、刚度条件下，应力求质量小，尤其是簧下质量应尽量小，以改善汽车平顺性。

（6）与悬架导向机构运动协调，对于转向驱动桥，还应与转向机构运动相协调。

（7）结构简单，加工工艺性好，制造容易，拆装、调整方便。

3．后驱动桥的结构组成

驱动桥一般由主减速器、差速器、半轴和驱动桥壳等组成，如图 3-48 所示。

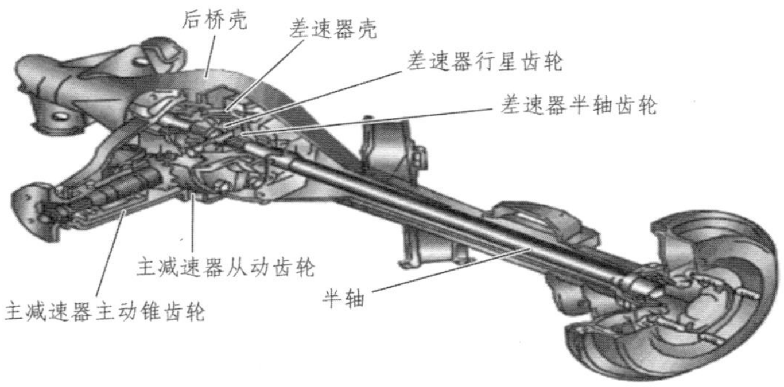

图 3-48　后驱动桥的结构组成

4．后驱动桥的工作原理

1）主减速器

（1）功用。

主减速器又称主传动器，其作用是降低传动轴传来的转速，增大输出扭矩，并改变旋转方向，使传动轴左右旋转变为半轴的前后旋转。

（2）分类。

按减速齿轮副的级数可分为单级和双级主减速器。

按主减速器速比挡数可分为单速和双速主减速器。

按主减速器所在位置可分为中央主减速器（见图 3-49）和轮边主减速器（见图 3-50）。

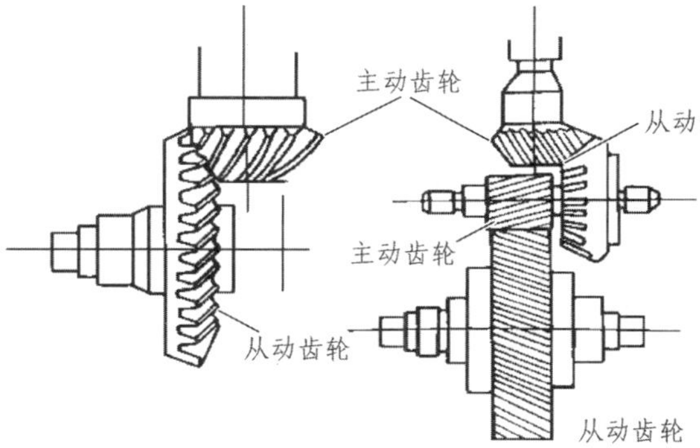

（a）单级　　（b）双级

图 3-49　中央主减速器

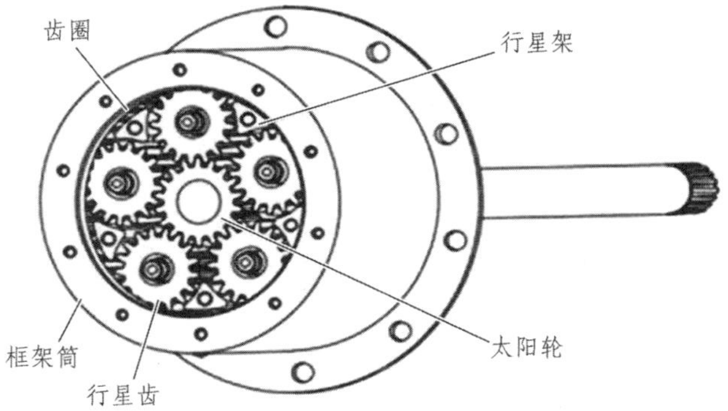

图 3-50　轮边减速器

（3）工作原理。

对一些载重较大的载重汽车，要求较大的减速比，用单级主减速器传动，则从动齿轮的直径就必须增大，会影响驱动桥的离地间隙，所以采用两次减速，通常称为双级减速器。双级减速器有两组减速齿轮，可实现两次减速增扭。

轮边减速器的结构是半轴的末端为小直径的外齿轮，周围有一组行星齿轮（一般 5 个），轮毂内有齿圈包围这组行星齿轮，以达到减速驱动的目的。

2）差速器

（1）功用。

差速器除了把主减速器传来的动力传给驱动轮外，当左右车轮行驶条件不同时，能自动调整左右驱动车轮以不同的转速旋转，使车轮保持滚动行驶状态。

（2）分类。

按结构分为普通锥齿轮差速器和防滑差速器。

按用途分为轮间差速器和轴间差速器，轮间差速器装在驱动桥内，轴间差速器装在各个驱动桥之间。

（3）结构组成。

目前国产轿车及其他类汽车基本都采用了对称式锥齿轮普通差速器。

对称式锥齿轮差速器由行星齿轮、半轴齿轮、行星齿轮轴（十字轴或根直销轴）和差速器壳等组成（见图 3-51）。

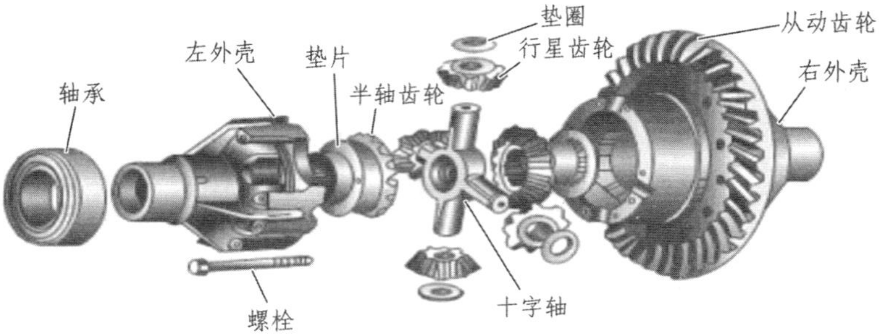

图 3-51　差速器的结构组成

（4）工作原理。

汽车处于直线行驶状态（见图 3-52），行星齿轮只是随同行星架绕差速器旋转轴线公转，两半轴齿轮同速转动，汽车直线行驶。

当汽车转弯时（见图 3-53），行星齿轮既有公转，又有自转，使两半轴齿轮以不同速度转动，允许两后轮以不同转速转动。

主减速器传来的扭矩经差速器壳传给十字轴至行星齿轮，再由行星齿轮传给左右两半轴齿轮。行星齿轮相当一个等臂杠杆，而两个半轴齿轮半径也相等，因此，实际上可以认为差速器分配给两侧车轮的扭矩大小是相等的，不管左右车轮转速是否相等，而扭矩总是平均分配的。

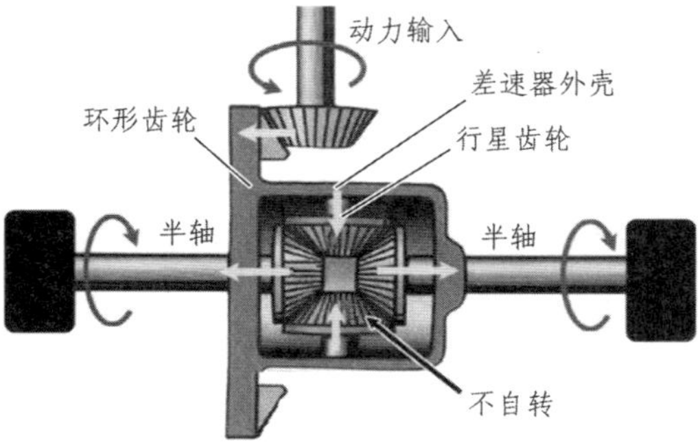

图 3-52　直行状态

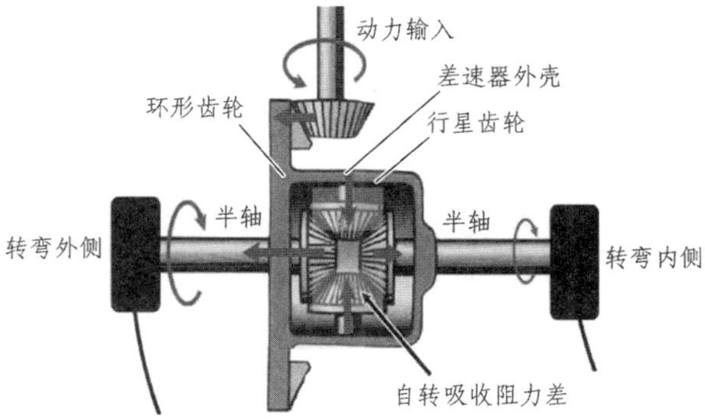

图 3-53　转弯状态

3）驱动桥壳

（1）功用。

桥壳是驱动桥零部件的安装基础，用于承重和承力。

（2）分类。

驱动桥壳可分为整体式和分段式两类（见图 3-54）。

整体式桥壳是桥壳与主减速器壳分开制造，二者用螺栓连接在一起。它的结构优点是在检查主减速器和差速器的技术状况或拆装时，不用把整个驱动桥从车上拆下来，因而维修比较方便，普遍用于各类汽车。

分段式桥壳是桥壳与主减速器壳铸成一体，且一般分为两段由螺栓连成体。这种桥壳易于铸造，但维护主减速器和差速器时必须把整个桥拆下来，否则无法拆检主减速器和差速器，现已很少使用。

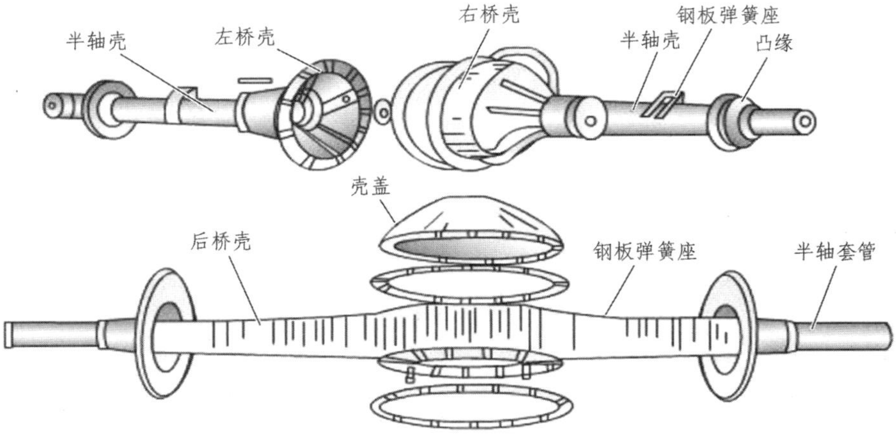

图 3-54　分段式与整体式驱动桥壳

4）半轴

（1）功用。

半轴是将差速器传来的扭矩再传给车轮，驱动车轮旋转，推动汽车行驶的实心轴。

（2）分类。

由于轮毂的安装结构不同，而半轴的受力情况也不同，半轴支撑形式分为全浮式、半浮式两种形式。

一般大、中型汽车均采用全浮式结构。半轴的内端用花键与差速器的半轴齿轮相连接，半轴的外端锻出凸缘，用螺栓和轮毂连接。轮毂通过两个相距较远的圆锥滚子轴承支承在半轴套管上。半轴套管与后桥壳压配成一体，组成驱动桥壳。用这样的支承形式，半轴与桥壳没有直接联系，使半轴只承受驱动扭矩而不承受任何弯矩，这种半轴称为全浮式半轴。

半浮式半轴的内端与全浮式的一样，不承受弯扭。其外端通过一个轴承直接支承在半轴外壳的内侧。这种支承方式将使半轴外端承受弯矩。因此，这种半轴除传递扭矩外，还局部地承受弯矩，故称为半浮式半轴。这种结构形式主要用于小客车。

5．后驱动桥器的检查保养内容

（1）驱动桥齿轮油的油质检查、液位检查和更换。

（2）驱动桥壳体密封件的检查与更换。

6．后驱动桥检查保养注意事项

（1）注意驱动桥齿轮油的品牌、型号和油液位置。

（2）在检查、更换齿轮油前，需将车辆运转一定时间，使驱动桥油温升高至正常工作温度。

（3）注意驱动桥壳体密封部位泄漏情况。

（4）参考维修手册，注意放油螺栓和加油螺栓拧紧力矩要求。

二、后驱动桥齿轮油检查和更换

1．后驱动桥齿轮油液检查

（1）举升车辆到合适位置。

（2）拧开加油塞。

（3）检查后桥主减速器齿轮油位，油位应与加油口下端面最低处平齐。

（4）检查齿轮油品质，若出现稀释、结胶、脏污、变质等情况，需更换后桥主减速器润滑油（见图 3-55）。

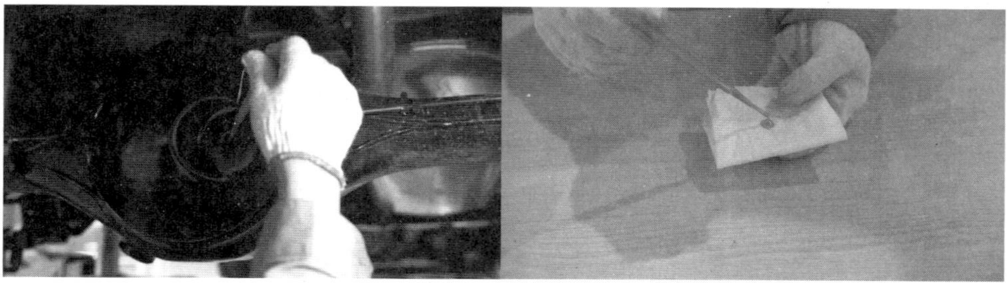

图 3-55　检查后驱动桥齿轮油质

2．后驱动桥齿轮油液更换

（1）拧开加油塞。

（2）拧开放油塞，排放后桥主减速器齿轮油（见图 3-56）。

（3）清洁放油塞后，安装放油塞并拧至规定力矩。

（4）加注后桥主减速器润滑油，直至润滑油刚好从加注口流出为止（见图 3-57）。

（5）清洁加油塞后，安装加油塞并拧至规定力矩。

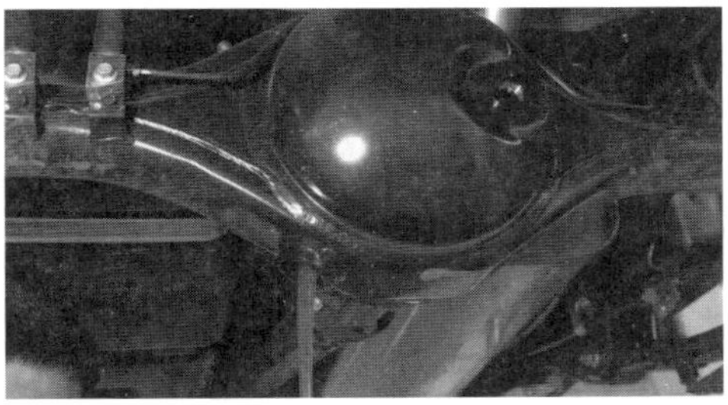

图 3-56　后驱动桥齿轮油液排放

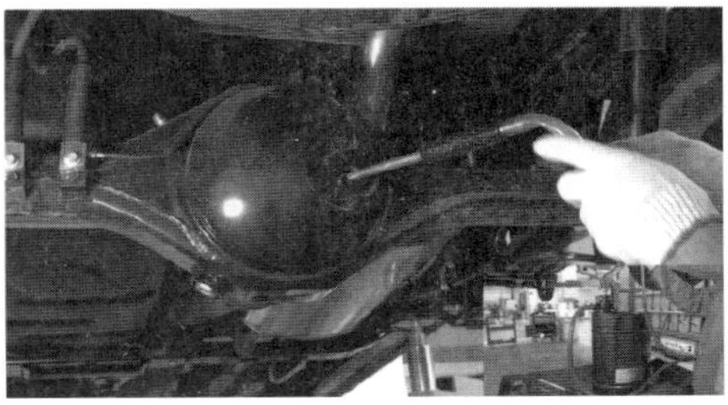

图 3-57　后驱动桥齿轮油液加注

三、后驱动桥壳体密封件检查和更换

1．密封件检查

后驱动桥密封件主要有壳体密封垫、主减速器油封、半轴油封等。

1）检查密封件

壳体结合处有渗油现象，应检查后桥密封件。油封若出现老化、磨损、变形、沟痕与弹簧损坏脱落，应及时更换油封，以确保后桥油封的密封性。

2）检查通气孔

后驱动桥通气孔堵塞，驱动桥工作时与外界大气隔绝，造成桥内压力升高，也会使油从堵塞处渗出，应检查通气孔，保持变速箱通气孔畅通，减少桥内的压力，防止漏油。

2．密封件更换

当后驱动桥出现渗漏情况时，需要对驱动桥密封件进行拆卸，更换相应密封件（见图 3-58 和图 3-59）。

图 3-58　驱动桥密封件拆卸

图 3-59　更换密封件

四、后驱动桥差速器总成拆装

参考维修手册进行拆装。

1．总成拆卸

（1）断开万向传动装置与主减速器凸缘连接。

（2）拆下主减速器壳体固定螺栓。

（3）轻撬壳体结合面，取出后桥差速器总成。

2．总成检查

（1）检查主减速器齿轮磨损情况。

（2）检查差速器总成轴承磨损情况。

（3）检查差速器齿轮磨损情况。

（4）检查主、从动锥齿轮的啮合间隙和啮合印痕。

3．总成装配

注意：按拆卸相反顺序安装。

（1）安装双曲线齿轮驱动桥时，通过调整主动锥齿轮轴承座与主减速器壳体之间垫片和旋动从动锥齿轮两侧螺母，调整主、从动锥齿轮的啮合间隙和啮合印痕，调整后再安装。

（2）在差速器壳体结合面涂抹密封胶。

（3）安装差速器总成，注意装配时螺栓应当对角紧固到规定力矩。

（4）按规定型号和数量加入齿轮油后才能启动发动机。

任务五　万向传动装置检查保养

知识目标

- 1. 了解万向传动装置的结构和工作原理；
- 2. 了解万向节的种类及特点；
- 3. 掌握半轴防尘套检查和更换方法；
- 3. 掌握万向传动装置主要部件检查工艺。

技能目标

- 1. 能进行半轴防尘套检查和更换；
- 2. 能进行万向传动装置主要零部件检查。

一、万向传动装置的结构和工作原理

1．万向传动装置的功用

万向传动装置的功用是在轴线相交且相对位置经常变化的转轴间传递动力。

2．万向传动装置的组成

它主要由万向节、传动轴和中间支承组成。安装时必须使传动轴两端的万向节叉处于同一平面（见图 3-60）。

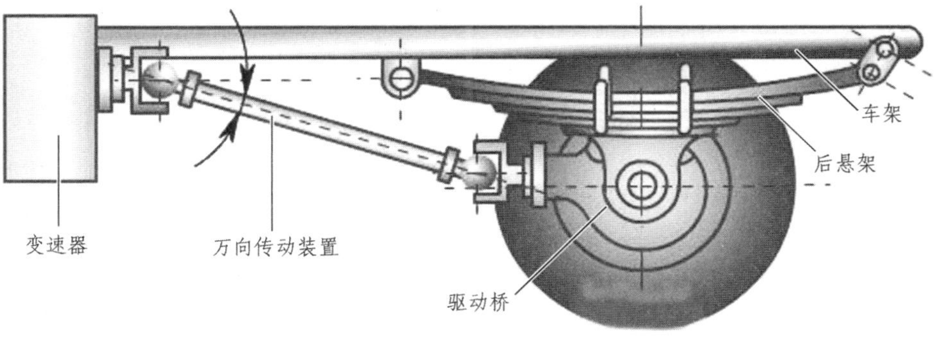

图 3-60　万向传动装置的组成

3．万向传动装置的分类

万向传动装置可分为闭式和开式两种。

（1）闭式万向传动装置采用单万向节，传动轴被封闭在套管中，套管与车架做球铰连接，而与驱动桥固定连接。

（2）开式万向传动装置结构简单，重量轻，现代汽车广泛应用开式万向传动装置。

4．万向传动装置的应用

万向传动装置在汽车上的应用主要有以下几个方面。

（1）变速器（或分动器）与驱动桥之间：一般汽车的变速器、离合器与发动机三者合为一体装在车架上，驱动桥通过悬架与车架相连。在负荷变化及汽车在不平路面行驶时引起的跳动，会使驱动桥输入轴与变速器输出轴之间的夹角和距离发生变化（见图 3-61）。

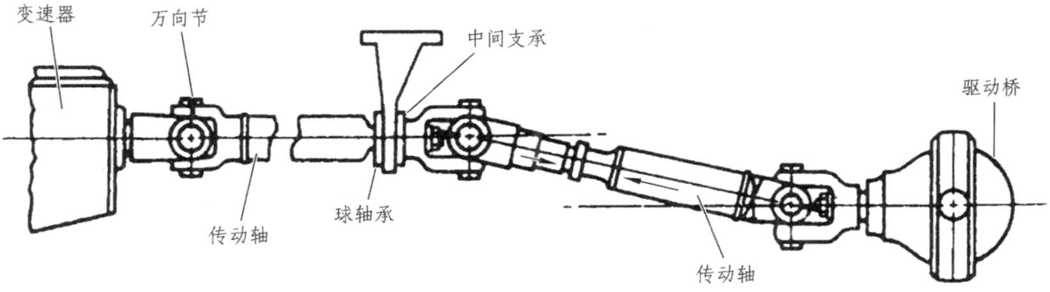

图 3-61　万向传动装置

（2）越野汽车变速器与分动器之间：为消除车架变形及制造、装配误差等引起的其轴线同轴度误差对动力传递的影响，须装有万向传动装置。

（3）转向驱动桥：汽车转向驱动桥的半轴是分段的，转向时两段半轴线相交角变化，因此要用万向节。

（4）断开式驱动桥的半轴：主减速器壳在车架上是固定的，桥壳上下摆动，半轴是分段的，须用万向节。

（5）某些汽车的转向轴装有万向传动装置，有利于转向机构的总体布置。

5. 万向传动装置的工作过程

1）万向节

万向节即万向接头，是实现变角度动力传递的机件，用于需要改变传动轴线方向的位置。它是汽车驱动系统万向传动装置的“关节”部件。

万向节按在扭转方向上是否有明显的弹性可分为刚性万向节和挠性万向节。

刚性万向节又可分为不等速万向节（常用的为十字轴式）、准等速万向节（如双联式万向节）和等速万向节（如球笼式万向节）三种。

（1）不等速万向节：是指万向节连接的两轴夹角大于零时，输出轴和输入轴之间以变化的瞬时角速度比传递运动，但平均角速度相等的万向节。

十字轴式刚性万向节由万向节叉、十字轴、滚针轴承、油封、套筒、轴承盖等件组成（见图 3-62）。

刚性万向节结构简单，传动效率高，因此，在现代汽车上被广泛采用，但这种刚性万向节，单个使用在两轴之间有夹角的情况下，其两轴的角速度是不相等的，当主动叉轴等角速旋转时，从动叉轴是不等角速转动，即主动轴等速转一周时，从动轴会出现两次周期性的超越或滞后变化，两轴夹角越大，角速度变化幅度也越大。

为实现等角速传动，可将两个普通十字轴式刚性万向节按一定的排列方式安装，第一个万向节的从动叉和第二个万向节的主动叉与传动轴相连，且传动轴两端的万向节叉在同一平面内，输入轴、输出轴与传动轴的夹角相等，这样输出轴与输入轴的角速度就相等。

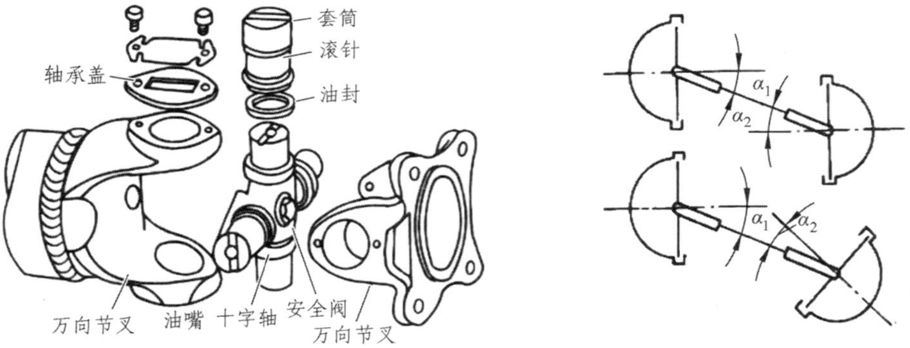

图 3-62　十字轴式万向节

（2）准等速万向节：是指在设计的角度下以相等的瞬时角速度传递运动，而在其他角度下以近似相等的瞬时角速度传递运动的万向节。常见的等角速万向节有双联式、三销轴式。

① 双联式准等速万向节（见图 3-63）：是指该万向节等速传动装置中的传动轴长度缩短到最小时的万向节，双联叉相当于两个在同一平面内的万向节叉。

② 三销轴式准等速万向节（见图 3-64）：由两个偏心轴叉、两个三销轴以及六个滑动轴承和密封件组成，每一偏心轴叉的两叉孔通过轴承和一个三销轴大端的两轴颈配合，两个三销轴的小端互相插入对方的大端轴承孔内，形成三根轴线，传递扭矩时，由主动偏心轴叉经三轴线传递到从动偏心轴叉。三销式万向节的最大特点是允许相邻两轴有较大的夹角，最大可达 45°，采用此万向节的转向驱动桥可使汽车获得较小的转弯半径。

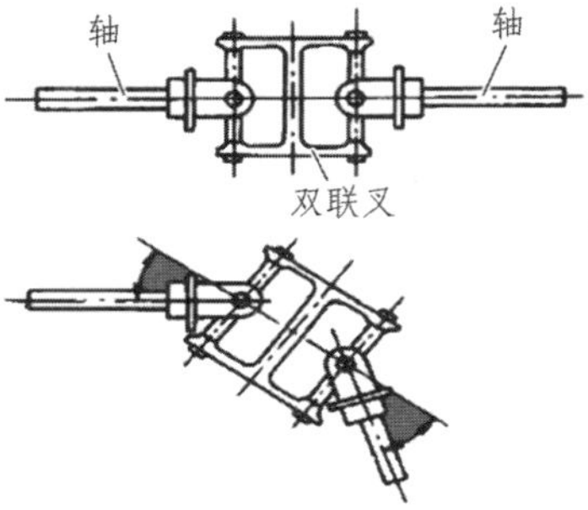

图 3-63　双联式准等速万向节

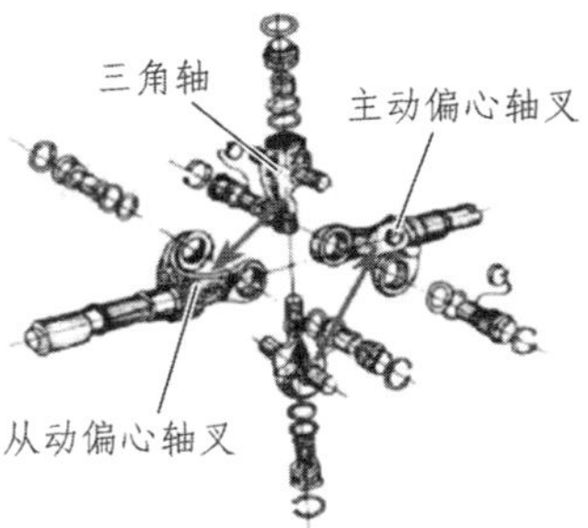

图 3-64　三销轴式准等速万向节

（3）等速万向节：基本原理是传力点永远位于两轴交点的平分面上，所连接的输出轴和输入轴以始终相等的瞬时角速度传递运动的万向节。

等速万向节常见结构型式有球叉式、球笼式、组合式。

① 球叉式等速万向节：由有滚道的球叉和钢球组成的万向节，其结构特点是在球叉的主动叉和从动叉上做有圆弧凹槽，两者装合后形成 4 个钢球滚道，滚道内共容纳 4 个钢球。定心钢球装在主、从动叉中心的球形凹槽内，如图 3-65 所示。

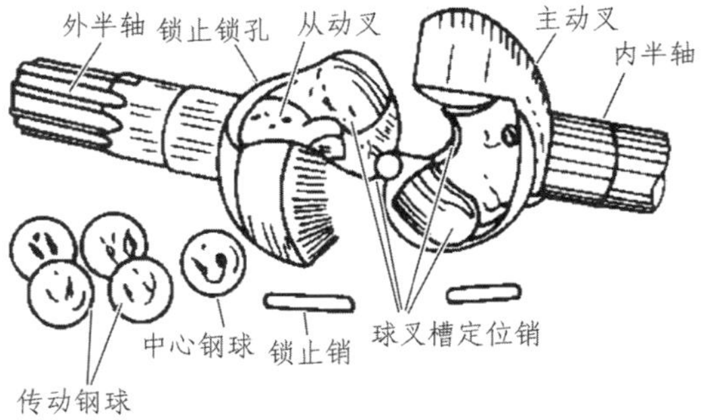

图 3-65　球叉式等速万向节

② 球笼式等速万向节（见图 3-66）：根据万向节轴向能否运动，又可区分为轴向不能伸缩型（固定型）球笼式万向节和可伸缩型球笼式万向节。结构上固定型球笼式万向节的星形套的内表面以内花键与传动轴连接，它的外表面制有 6 个弧形凹槽作为钢球的内滚道，外滚道做在球形壳的内表面上。星形套与球形壳装合后形成的 6 个滚道内各装 1 个钢球，并由保

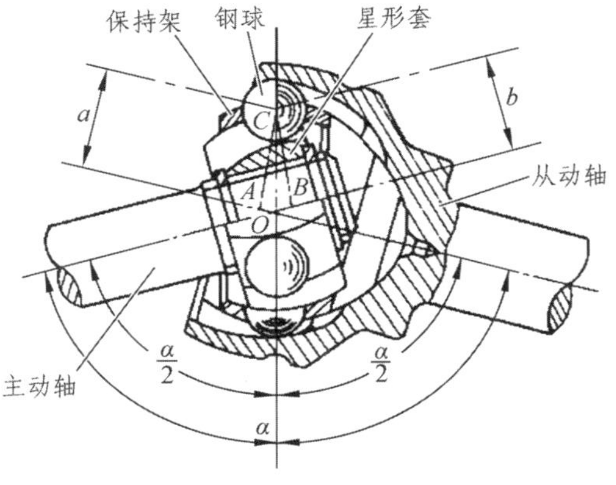

图 3-66　球笼式等速万向节

持架（球笼）使 6 个钢球处于同一平面内。动力由传动轴经钢球、球形壳传出。可伸缩型球笼式万向节的结构特点是于筒形壳的内壁和星形套的外部做有圆柱形直槽，在两者装合后所形成的滚道内装有钢球。钢球同时也装在保持架的孔内。星形套内孔做有花键用来与输入轴连接。这一结构允许星形套与筒形壳相对在轴向方向移动。

③ 组合式万向节（见图 3-67）：球叉的三个直槽与三个传力球相配合，三个球销制成一体，分别定位在球笼上。连接卡簧防止球笼脱离球叉，在弹簧作用下，中心球座始终与球叉的内凹面接触，起定心作用。万向节工作时，动力由半轴输入，经球叉、传力球、球销，最后经球笼输出。其结构较紧凑。

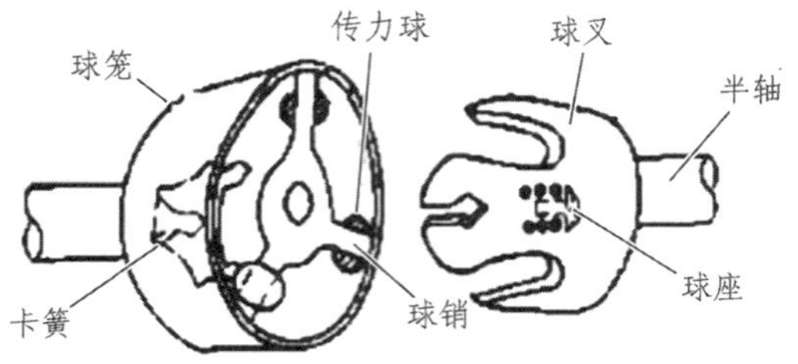

图 3-67　组合式万向节

2）传动轴和中间支撑

（1）传动轴（见图 3-68）：是万向传动装置中的主要传力部件。通常用来连接变速器（或分动器）和驱动桥，在转向驱动桥和断开式驱动桥中，则用来连接差速器和驱动轮。

传动轴有空心轴和实心轴两种，多数是做成空心的，一般由厚薄均匀的薄钢板卷焊而成，对于超重型货车采用无缝钢管制成，而对于转向驱动桥、断开式驱动桥或微型汽车的传动轴通常制成实心的。在传动轴的两端分别焊有带花键的轴头和万向节叉。

汽车行驶过程中，变速器与驱动桥的相对位置经常变化，为避免运动干涉，传动轴用由滑动叉和花键轴组成的滑动花键连接，以适应传动轴长度的变化。为减少磨损，还装有用以加注润滑脂的润滑脂嘴、油封、堵盖和防尘套。

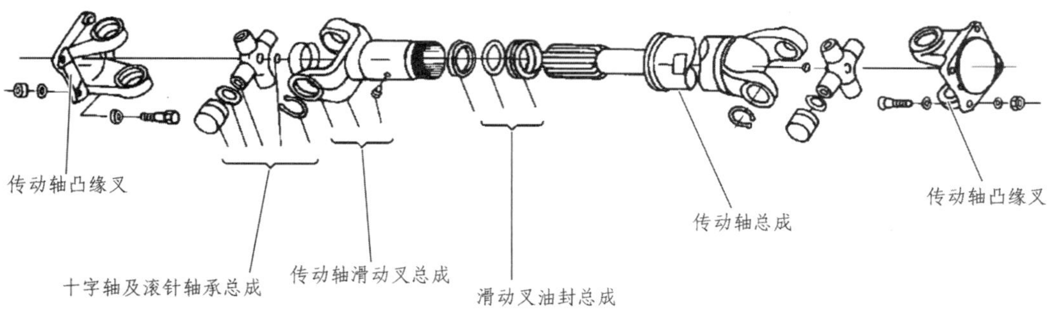

图 3-68　传动轴

（2）中间支承：传动轴分段时，应加中间支承（见图 3-69），通常中间支承安装在车架横梁上，它具有补偿传动轴轴向和角度方向变化或车架变形等所引起的位移的作用。

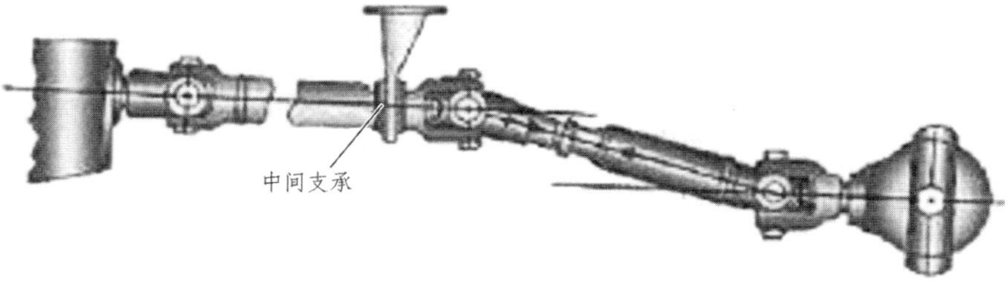

图 3-69　中间支承

二、半轴防尘套检查和更换

1．安装前桥半轴防尘罩

使用钢板和压力机，安装新的前桥半轴防尘罩（见图 3-70）。

注意：防尘罩应完全安装到位，小心不要损坏前桥半轴防尘罩。

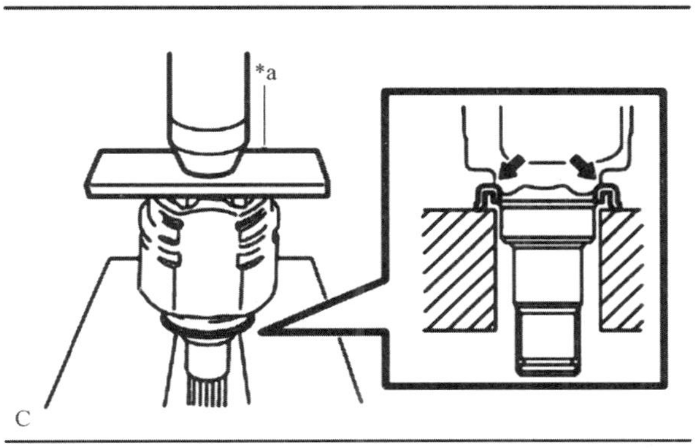

*a—钢板。

图 3-70　安装新的前桥半轴防尘罩

2．安装前桥外侧万向节防尘罩（左侧）

（1）用保护胶带缠住前桥半轴外侧万向节轴总成的花键，以防止防尘罩损坏（见图 3-71）。

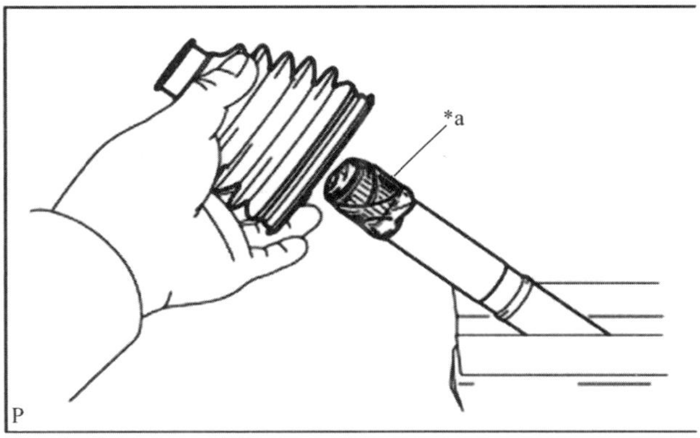

*a—保护胶带。

图 3-71　用保护胶带缠住前桥半轴外侧万向节轴总成的花键

（2）按以下顺序，将新零件安装到前桥半轴外侧万向节轴总成上（见图 3-72）。

① 前桥外侧万向节防尘罩 2 号卡夹。

② 前桥外侧万向节防尘罩。

③ 前桥外侧万向节防尘罩卡夹。

（3）在前桥半轴外侧万向节轴总成和前桥外侧万向节防尘罩的连接部位涂抹润滑脂。

（4）将前桥外侧万向节防尘罩安装到前桥半轴外侧万向节轴总成凹槽上。

注意：不要使润滑脂黏附到外侧万向节防尘罩的卡夹压痕处，使外侧万向节防尘罩的内侧远离异物。

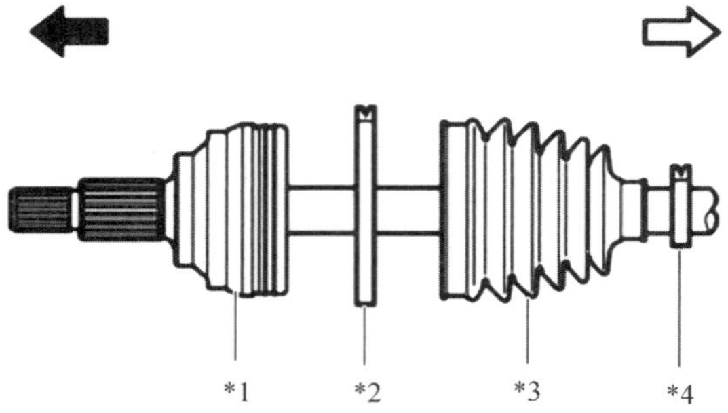

*1—前桥半轴外侧万向节轴总成；*2—前桥外侧万向节防尘罩 2 号卡夹；
*3—前桥外侧万向节防尘罩；*4—前桥外侧万向节防尘罩卡夹。

图 3-72　前桥半轴外侧万向节轴总成

3．安装前桥外侧万向节防尘罩 2 号卡夹（左侧）

注意：零件的锋利部位可能会伤到手，需佩戴保护手套。

（1）将前桥外侧万向节防尘罩 2 号卡夹安装到前桥外侧万向节防尘罩上，并暂时折起锁杆。

注意：将锁杆正确装入导槽内，并将卡夹尽量安装到车辆内侧，折起锁杆前，检查箍带和锁杆是否变形。

（2）将外侧万向节压向工作面的同时，用手用力压住并向前滚动外侧万向节。滚动外侧万向节并折起锁杆，直到听到一声“咔嗒”声即可（见图 3-73）。

注意：不要损坏防尘罩，确保外侧万向节与工作面直接接触。

*a—用力压住并向前滚动外侧万向节；*b—折起锁杆。

图 3-73　手用力压住并向前滚动外侧万向节

（3）调节锁杆和凹槽之间的间隙（使带扣边缘和锁杆之间的间隙均匀）的同时，使用塑料锤敲击带扣以将其固定（见图 3-74）。注意：使用塑料锤敲击时不要太用力，不要损坏前桥外侧万向节防尘罩。

4．安装前桥外侧万向节防尘罩卡夹（左侧）

注意：零件的锋利部位可能会伤到手，需佩戴保护手套。

（1）将前桥外侧万向节防尘罩卡夹安装到前桥外侧万向节防尘罩上，并暂时折起锁杆。将锁杆正确装入导槽内，折起锁杆前，检查箍带和锁杆是否变形（见图 3-75）。

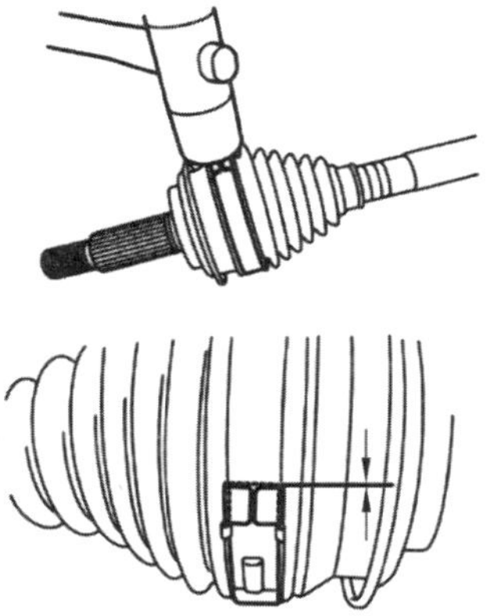

图 3-74　使用塑料锤敲击带扣

图 3-75　安装万向节防尘罩卡夹

（2）使用水泵钳，捏住前桥外侧万向节防尘罩卡夹，以暂时将其固定（见图 3-76）。

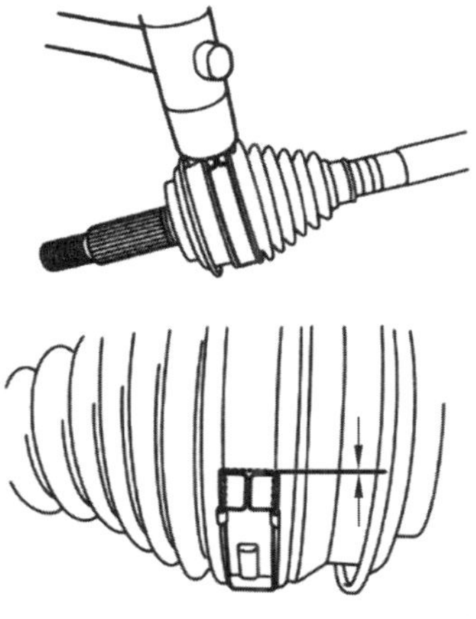

图 3-76　固定万向节防尘罩卡夹

（3）调节锁杆和凹槽之间的间隙（使带扣边缘和锁杆之间的间隙均匀）的同时，使用塑料锤敲击带扣，以将其固定。

注意：使用塑料锤敲击时不要太用力，不要损坏前桥外侧万向节防尘罩。

5．安装前桥正轴减振器（带半轴减振器）

（1）将前桥半轴减振器和 2 个新的前桥半轴减振器卡夹暂时安装到前桥半轴外侧万向节轴总成上（见图 3-77）。

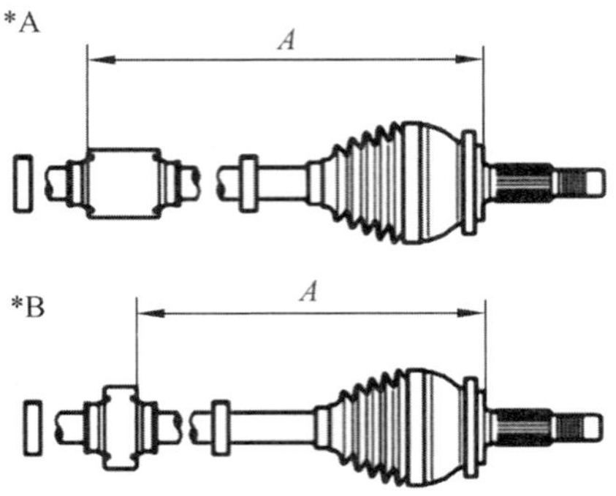

尺寸 *A*:

左侧	211.7 ~ 215.7 mm（8.33 ~ 8.49 in）
右侧	458.0 ~ 462.0 mm（1.503 ~ 1.515 ft）

*A—左侧；*B—右侧。

图 3-77　前桥半轴减振器固定位置

（2）将半轴固定在台钳的两个铝板之间。注意：不要过度紧固台钳。

（3）将 2 个前桥半轴减振器卡夹安装到前桥半轴减振器上。

注意：一定要将卡夹安装到正确的位置。

6．安装前桥半轴内侧万向节总成

（1）按以下顺序，将新零件安装到前桥半轴外侧万向节轴总成上。

① 前桥内侧万向节防尘罩卡夹。

② 前桥内侧万向节防尘罩。

③ 前桥内侧万向节防尘罩 2 号卡夹。

（2）将半轴固定在台钳的两个铝板之间。注意：不要过度紧固台钳。

（3）撕下保护胶带。

（4）对准装配标记并将三销式万向节安装到前桥半轴外侧万向节轴总成上（见图 3-78）。

注意：将万向节的锯齿侧朝外并将其安装到外侧万向节末端。

（5）对准拆卸前所做的装配标记。

（6）使用铜棒和锤子，将万向节安装到前桥半轴外侧万向节轴总成上。

（7）使用卡环扩张器，将新轴卡环安装到前桥半轴外侧万向节轴总成上（见图 3-79）。

（8）在前桥半轴内侧万向节总成和前桥内侧防尘罩上涂抹润滑脂。

（9）将新的前桥内侧万向节密封垫安装到内侧万向节凹槽上。

注意：将前桥内侧万向节密封垫的凸出部分牢固安装在内侧万向节凹槽中。

（10）对准装配标记并将前桥半轴内侧万向节总成安装到前桥半轴外侧万向节轴总成上（见图 3-80）。

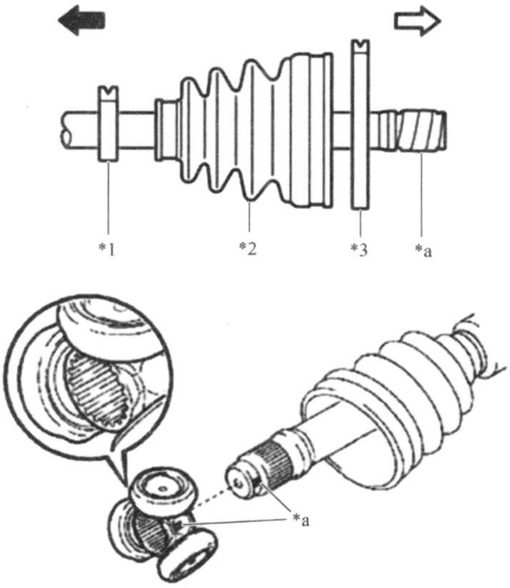

*1—前桥内侧万向节防尘罩卡夹；*2—前桥内侧万向节防尘罩；
*3—前桥内侧万向节防尘罩 2 号卡夹；
*a—保护胶带。

图 3-78　安装三销式万向节

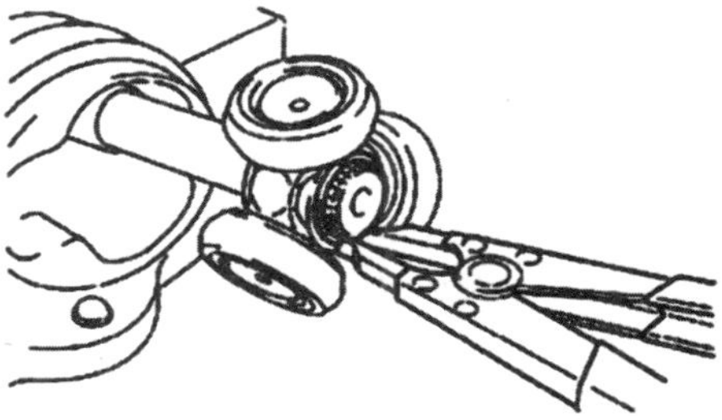

图 3-79　安装新轴卡环

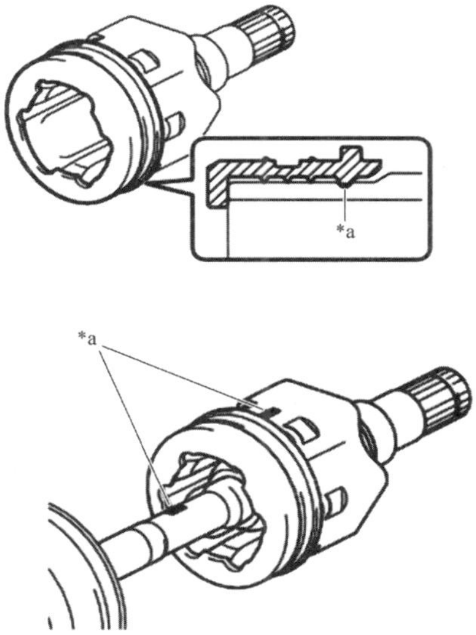

图 3-80　安装前桥半轴内侧万向节总成

7．安装前桥内侧万向节防尘罩

（1）将前桥内侧万向节防尘罩安装到前桥半轴内侧万向节总成上，注意使凹槽远离润滑脂。

（2）安装前桥内侧万向节防尘罩 2 号卡夹。零件的锋利部位可能会伤到手，注意佩戴保护手套。

（3）使尺寸 *A* 保持在规定长度内的同时，通过将前桥内侧万向节密封垫的任凹陷部位从前桥半轴内侧万向节总成上轻轻抬起，使内侧万向节的气压和大气压力相等（见图 3-81）。

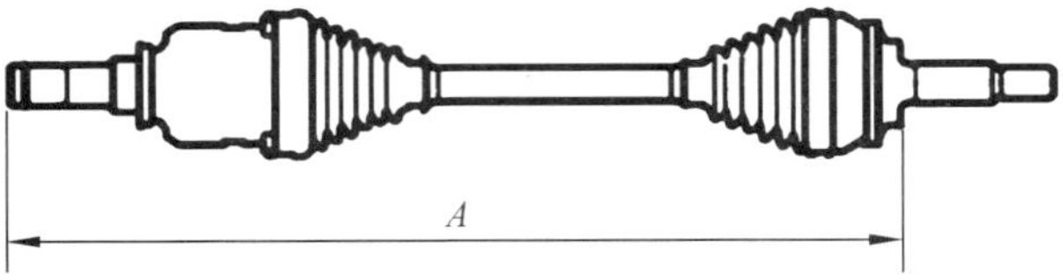

尺寸 *A*：

<table>
<tr><th></th><th>左侧</th><th>右侧</th></tr>
<tr><td>CVT</td><td rowspan="2">590.9 mm(1.94 ft)</td><td rowspan="2">870.9 mm(2.86 ft)</td></tr>
<tr><td>手动传动桥（EC6A）</td></tr>
<tr><td>手动传动桥（C51）</td><td>587.6 mm(1.93 ft)</td><td>867.6 mm(2.85 ft)</td></tr>
</table>

图 3-81 规定长度

（4）将锁杆的支点设定在图中所示的任一点并暂时弯曲锁杆。

注意：内侧万向节内部处于大气压力之下时进行该工作，将锁杆正确装入导槽内，并将卡夹尽量安装到车辆内侧（见图 3-82）。折起锁杆前，检查箍带和锁杆是否变形。

（5）将内侧万向节压向工作面的同时，用手用力压住并向前滚动内侧万向节（见图 3-83 和图 3-84）。滚动内侧万向节并折起锁杆，直到听到一声“咔嗒”，确保内侧万向节与工作面直接接触，不要损坏前桥半轴防尘罩。

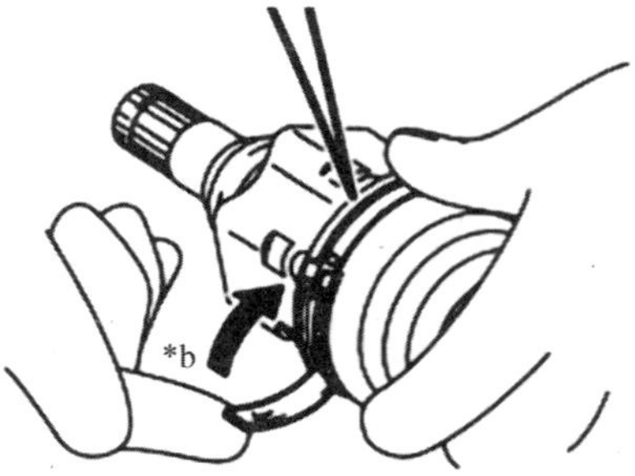

*b—锁杆。

图 3-82 将锁杆正确装入导槽内

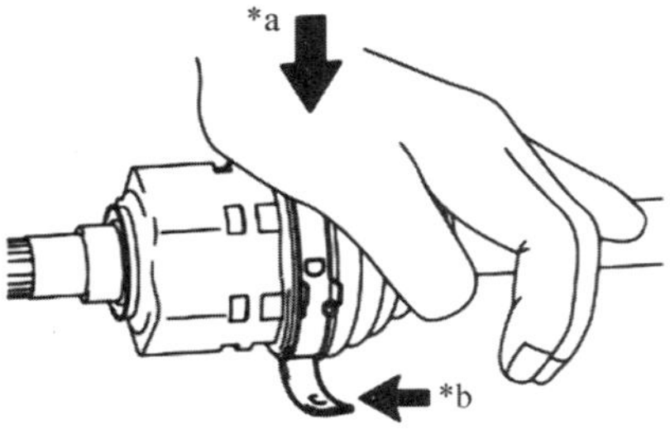

*a—用力压住并向前滚动内侧万向节；
*b—锁杆。

图 3-83 用手用力压住并向前滚动内侧万向节

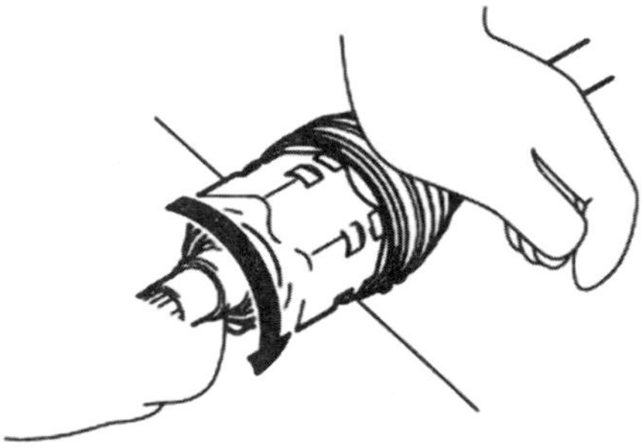

图 3-84 滚动内侧万向节

（6）调节锁杆和凹槽之间的间隙（使带扣边缘和杆之间的间隙均匀）的同时，使用塑料锤敲击带扣，以将其固定。

注意：不要损坏前桥内侧万向节防尘罩。

8．安装前桥内侧万向节防尘罩卡夹

注意：零件的锋利部位可能会伤到手，需佩戴保护手套。

（1）将前桥内侧万向节防尘罩卡夹安装到前桥内侧万向节防尘罩上，并暂时折起锁杆。

注意：拆前需检查箍带和锁杆是否变形（见图 3-85）。

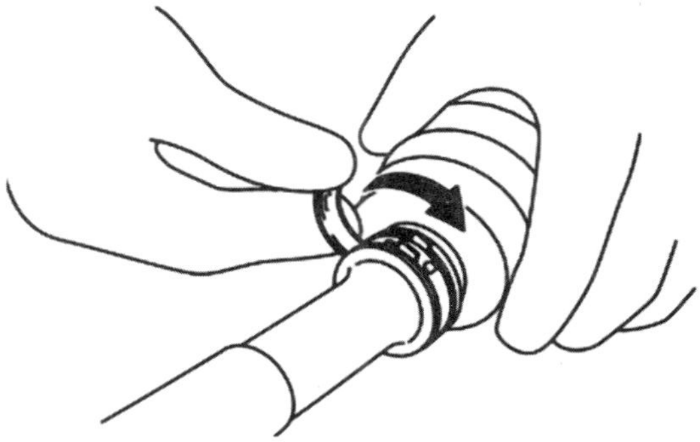

图 3-85　安装前桥内侧万向节防尘罩卡夹

（2）使用水泵钳，捏住前桥内侧万向节防尘罩卡夹，以暂时将其固定（见图 3-86）。

（3）调节锁杆和凹槽之间的间隙（使带扣边缘和锁杆之间的间隙均匀）的同时，使用塑料锤敲击带扣，以将其固定（见图 3-87）。注意：不要损坏前桥内侧万向节防尘罩。

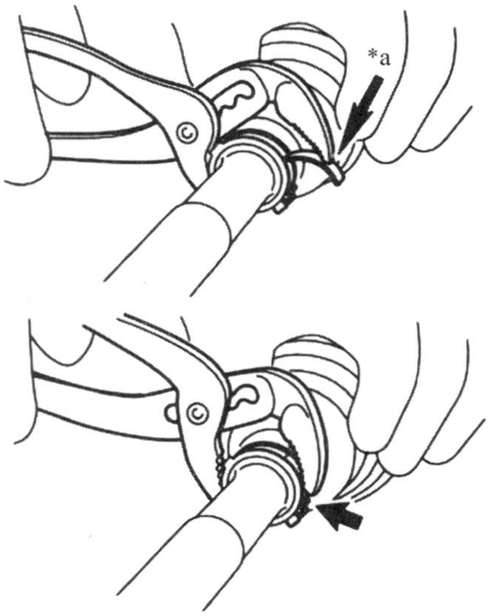

*a—前桥内侧万向节防尘罩卡夹。

图 3-86　固定前桥内侧万向节防尘罩卡夹

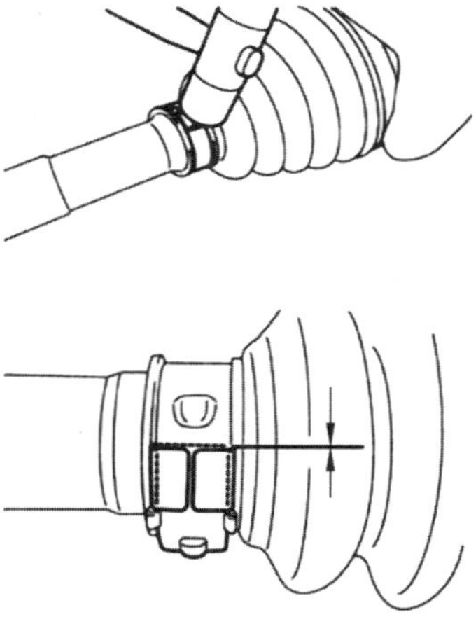

图 3-87　调节锁杆和凹槽之间的间隙

项目四　动力与驱动功能检查保养

任务一　动力电控系统功能检查

知识目标

◆ 1. 认识故障灯；
◆ 2. 认识动力电控系统元件；
◆ 3 掌握故障码读取和清除方法；
◆ 4. 掌握动力系统数据流读取方法。

能力目标

◆ 1. 能判读故障灯；
◆ 2. 能进行故障码读取和清除；
◆ 3. 能进行动力系统数据流读取；
◆ 4. 能识别动力电控系统元件。

一、电控发动机的结构组成

1. 电控发动机的优点

电控发动机与化油器式发动机最大的不同在燃油供给系统，电控发动机的燃油供给系统取消了化油器，增加了许多电子自动控制装置，与化油器式发动机相比，具有以下优点。

（1）提高发动机的动力性：通过减小进气阻力，提高充气效率，电控系统使得进入气缸中的空气得到充分利用。

（2）提高发动机燃油经济性：通过电控系统来精确控制在各种运行工况下发动机所需的混合气浓度，使燃烧更为充分。

（3）减少排放污染：通过电控系统的优化控制，提高燃烧质量，应用排放控制系统，减少排放污染。

（4）改善发动机的加速和减速性能。

（5）改善发动机的启动性能。

2. 电控发动机的类型

（1）开环控制：ECU 根据传感器的信号对执行器进行控制，而控制的结果是否达到预期目标对其控制过程没有影响。

（2）闭环控制：也叫反馈控制，在开环的基础上，它对控制结果进行检测，并反馈给ECU，进行原先的控制修正。

3．电控发动机的组成（见图 4-1）

图 4-1　电控发动机组成

（1）信号输入装置：各种传感器采集控制系统的信号，并转换成电信号输送给 ECU。

（2）电子控制单元：给各传感器提供参考电压，接收传感器信号，进行存储、计算和分析处理后向执行器发出指令。

（3）执行元件：是指由 ECU 控制，执行某项控制功能的装置。

二、故障灯认识

发动机标志亮黄灯代表发动机产生故障，此时便需要检查和维修（见图 4-2）。

图 4-2　发动机故障灯

一般来说，发动机亮故障灯存在两种模式：黄灯常亮和黄灯闪烁。

如果发动机故障灯常亮（见图 4-3），则代表故障是当前故障，建议立即去 4S 店检查、修理；如果是黄灯闪烁，则故障可能不影响行驶，但是要低速慢行，需安排时间到维修服务部检测处理。

图 4-3　发动机故障灯常亮

发动机故障灯常亮后也可能导致三种情况。

第一种是汽车不能启动。这种情况下燃油泵或点火部件可能出现问题，对于这种状况建议打电话求助 4S 店。

第二种是故障灯亮，但可以正常驾驶。这种情况可能是某个传感器存在故障，可以保持驾驶，但最好选择低速驾驶，办完事情后及时维修。

第三种是发动机故障灯亮起，车辆能正常驾驶但抖动厉害、加速无力等。遇到这种情况时建议呼叫救援。

三、动力电控系统元件识别

发动机电子控制系统（见图 4-4），也称为发动机管理系统。发动机电子控制系统由电子控制单元（ECU）或称为发动机控制模块（ECM）、传感器、执行器三部分组成。

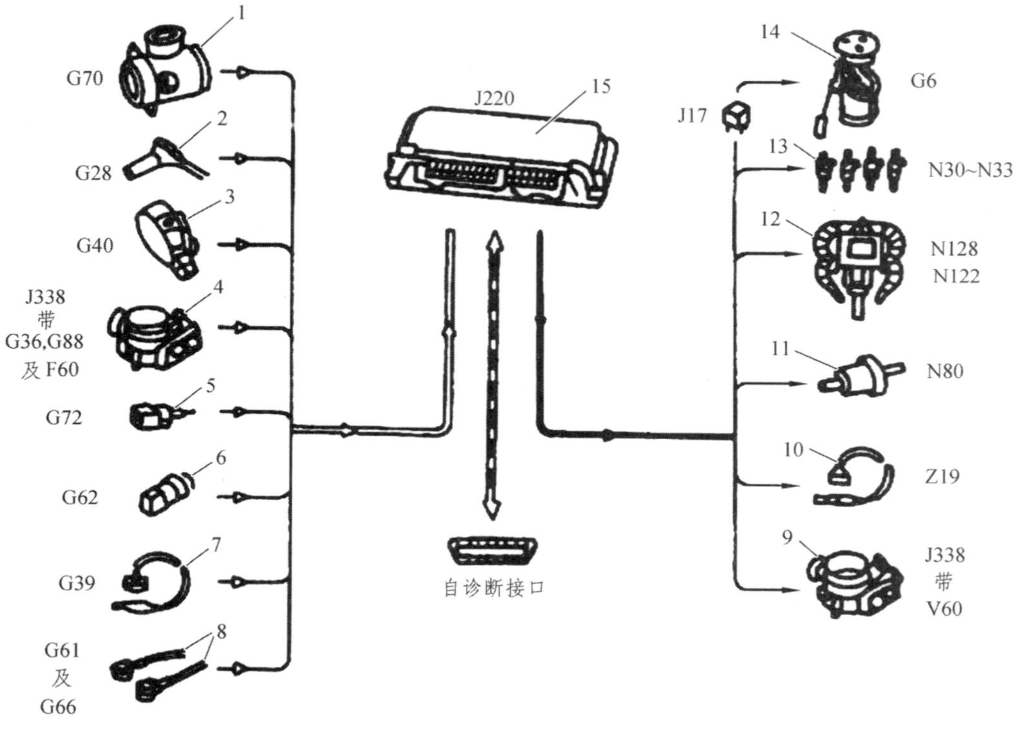

1—空气流量计；2—转速传感器；3—霍尔传感器；4—节气门电位计 G6、怠速节气门电位计 G88、怠速开关 F60；5—进气温度传感器；6—水温传感器；7—氧传感器；8—爆震传感器；9—怠速电动机 V60 和节流阀体 J388；10—氧传感器加热器；11—活性炭罐电磁阀；12—点火线圈 N128、电子点火器 N122；13—喷油器；14—汽油泵；15—ECU。

图 4-4　电子控制系统的组成（捷达车）

（1）空气流量计：测量单位时间内发动机的进气量，将其转换为电信号传给 ECU，作为决定喷油量、点火正时、怠速控制、尾气排放的主控制信号之一。

安装位置：位于节气门和空气滤清器之间。

大众车系使用的空气流量计，属热膜式空气流量计。其核心部件是流量传感元件和热电阻（均为铂膜式电阻）组合在一起构成热膜电阻。在传感器内部的进气通道上设有一个矩形护套，相当于取样管，热膜电阻设在护套中（见图 4-5）。

图 4-5　空气流量计

（2）进气绝对压力传感器：测量进气管内气体的进气压力，将其转换为电信号传给 ECU，作为决定喷油量、点火正时、怠速控制、尾气排放的主控制信号之一（见图 4-6）。

安装位置：位于节气门体和进气管之间。

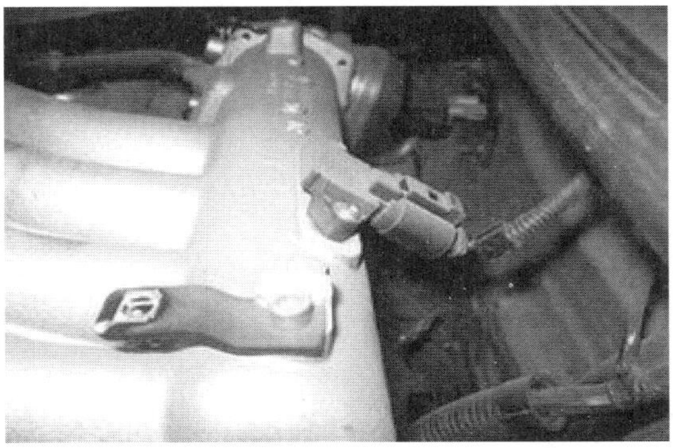

图 4-6　进气压力传感器

（3）节气门位置传感器：检测节气门的开度及开度变化，将其转换为电信号传给 ECU，作为控制喷油量、点火正时、怠速转速、尾气排放的重要参考信号之一

安装位置：安装在节气门体上，跟随节气门轴同步转动（见图 4-7）。

图 4-7　节气门位置传感器

（4）凸轮轴位置传感器：检测凸轮轴的转角位置，将其转换为电信号传给 ECU，确定发动机某缸活塞上止点位置，作为决定喷油量、点火正时的主控制信号之一。

安装位置：凸轮轴前端带轮后（见图 4-8）。

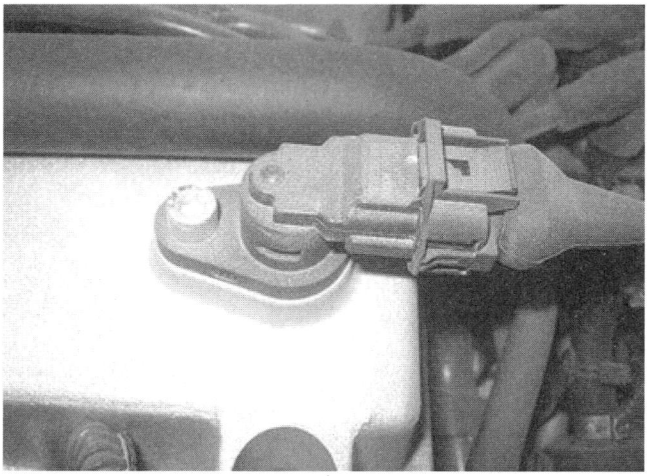

图 4-8　凸轮轴位置传感器

（5）曲轴位置传感器：检测发动机曲轴位置（转速），将其转换为电信号传给 ECU：作为决定喷油量、点火正时、怠速控制、电动汽油泵运行、尾气排放的主控制信号之一。

安装位置：曲轴前端带轮后或者曲轴飞轮附近（见图 4-9）。

图 4-9　曲轴位置传感器

（6）进气温度传感器：检测进气温度，将其转换为电信号传给 ECU，作为燃油喷射、点火正时主要修正信号。

安装位置：在进气管上（见图 4-10）。

（7）冷却液温度传感器：检测冷却液温度，将其转换为电信号传给 ECU，作为燃油喷射、点火正时、怠速和尾气排放控制的主要修正信号。

安装位置：位于缸体、缸盖的水套中（见图 4-11）。

图 4-10　进气温度传感器

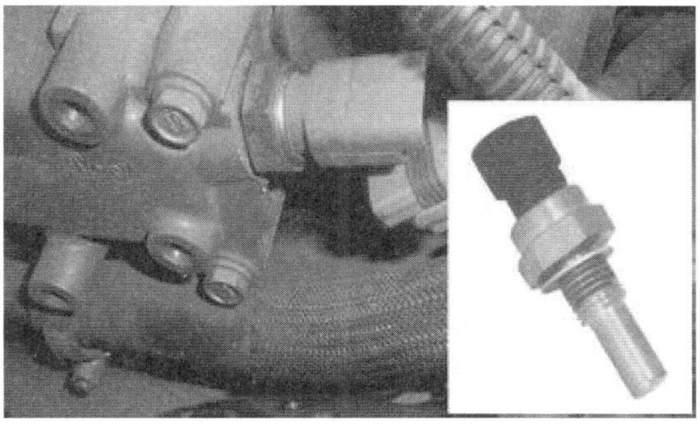

图 4-11　冷却液温度传感器

（8）氧传感器：检测排气中氧的浓度，将其转换为电信号传给 ECU，进行喷油量的闭环控制。

安装位置：排气管中（见图 4-12）。

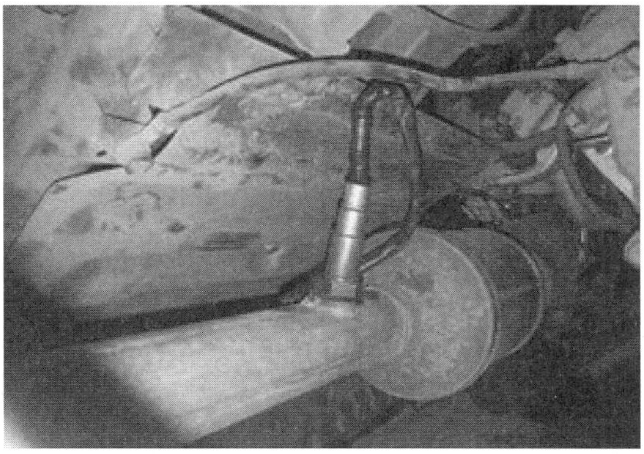

图 4-12　氧传感器

（9）爆燃传感器：检测汽油机是否爆燃及爆燃强度，将其转换为电信号传给 ECU，进行点火提前角的闭环控制。

安装位置：发动机缸体上（见图 4-13）。

（10）车速传感器：检测汽车行驶速度。

图 4-13 爆震传感器

（11）空调开关：当空调开关打开，空调压缩机工作，发动机负荷加大时，由空调开关向 ECU 输入信号。

（12）挡位开关：自动变速器由空挡挂入其他挡时，向 ECU 输入信号。

（13）启动开关：发动机启动时，给 ECU 提供一个启动信号。

（14）ECU：给传感器提供电压，接收传感器和其他装置的输入信号，并转换成数字信号，向执行器发出指令（见图 4-14）。

图 4-14 ECU

（15）执行器：接收 ECU 指令，进行相应工作。有以下主要执行元件：喷油器（见图 4-15）、点火器（见图 4-16）、怠速控制阀、巡航控制电磁阀、节气门控制电动机、EGR 阀、进气控制阀、二次空气喷射阀、活性炭罐排泄电磁阀、油泵继电器、风扇继电器、空调压缩机继电器、自诊断显示与报警装置、仪表显示器等。

图 4-15 喷油器

图 4-16 点火器

四、故障码读取和清除

（1）准备工位及解码器（见图 4-17）（本次以 KT600 为例）。

（2）查看车辆信息：品牌、生产厂商、车型、年款、发动机型号等。

（3）关闭点火开关（见图 4-18）。

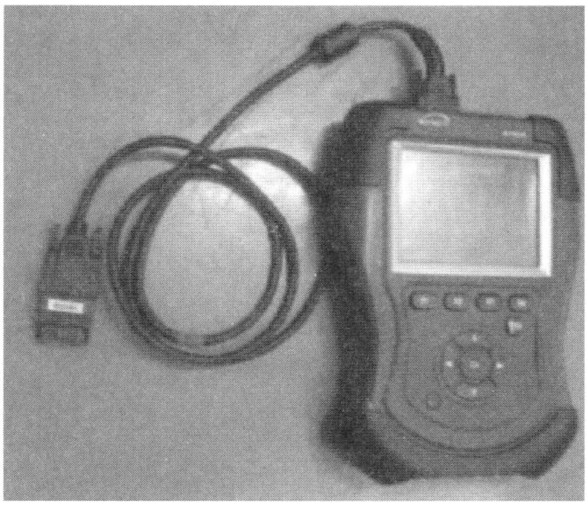

图 4-17　解码器

图 4-18　关闭点火开关

（4）连接解码器与车辆诊断接口（见图 4-19）（大多数轿车诊断接口在驾驶席仪表台左下侧）。

图 4-19　连接解码器

（5）先打开解码器开关，再打开汽车点火开关。

（6）根据检测车型选择实际操作，如图 4-20 所示。

图 4-20　选择品牌

（7）选择相应车型及年款（见图 4-21）。

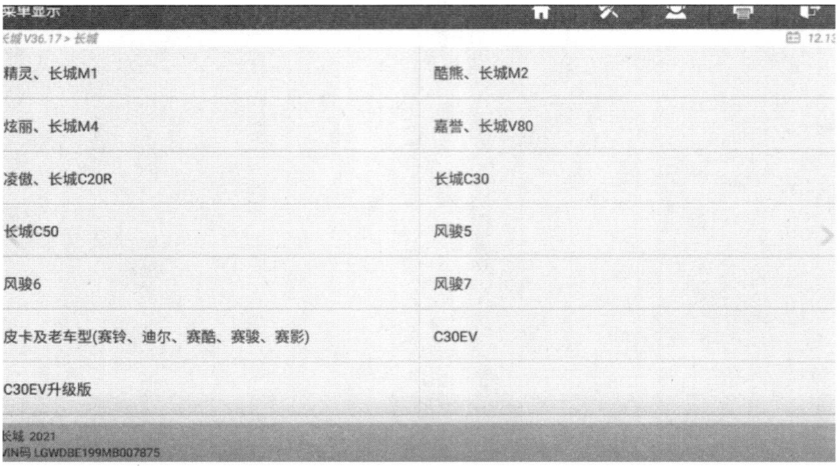

图 4-21　选择车型

（8）选择发动机控制系统（见图 4-22）。

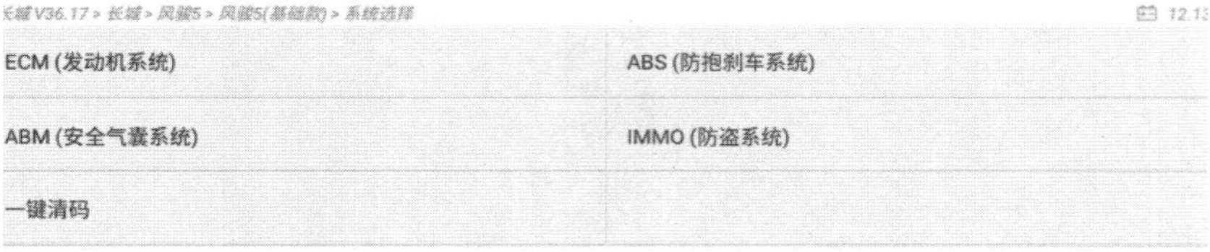

图 4-22　选择发动机控制系统

（9）读取系统故障码（见图 4-23）。注意静态故障码和动态故障码，并记录故障代码。

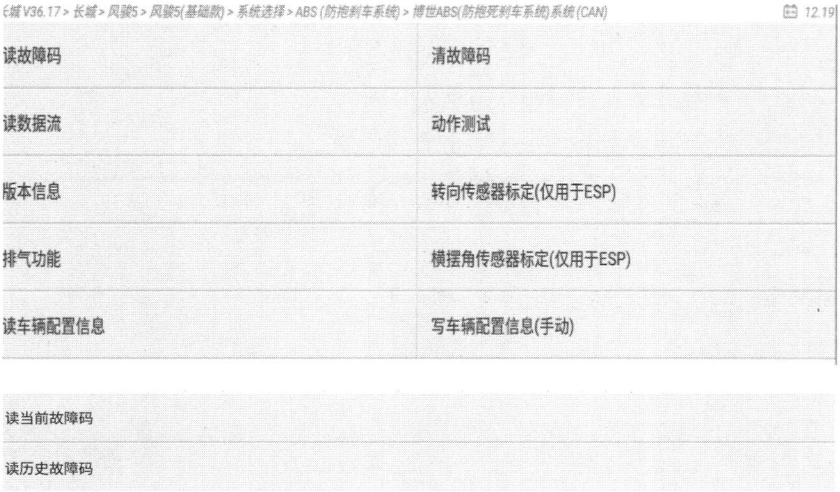

图 4-23　读取系统故障码

（10）清除故障代码（见图 4-24）。若故障码无法清除，则表示该系统存在故障，需排除。

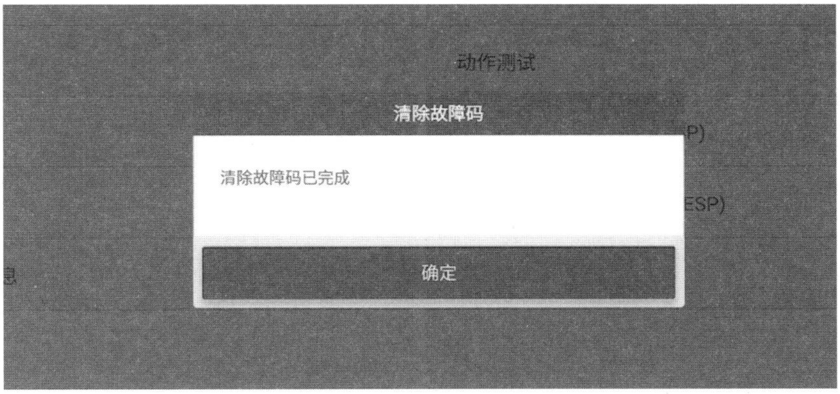

图 4-24　清除故障码

五、动力系统数据流读取

（1）准备工位及解码器（本次以 KT600 为例）。

（2）查看车辆信息：品牌、生产厂商、车型、年款、发动机型号等。

（3）关闭点火开关。

（4）连接解码器与车辆诊断接口（大多数轿车诊断接口在驾驶席仪表台左下侧）。

（5）先打开解码器开关，再打开汽车点火开关。

（6）根据检测车型选择实际操作。

（7）选择相应车型及年款。

（8）选择发动机控制系统。

（9）选择读取数据流（见图 4-25 和图 4-26）。

图 4-25　选择读取数据流

		发动机冷机怠速
一发动机运行值		Status
1	机油油位（标准值 > 60 mm）（mm）	
2	机油温度（℃）	
3	发动机冷却液温度（℃）	32.25
4	水箱出口的冷却液温度（℃）	

5	环境温度（℃）	
6	喷射持续时间（ms）	5.18
7	加速踏板位置（%）	
8	发动机转速（l/min）	
9	进气温度（℃）	
10	空气流量（kg/h）	38.28
11	进气压力（mbar）	49.83
12	节气门角度（°）	
13	点火角（°）	－14
14	蓄电池电压（V）	

—空燃比控制		
1	空燃比调节 1 排	未进入
2	空燃比调节 2 排	未进入
3	信号氧传感器气缸列 1 废气触媒转换器前	2.08
4	信号氧传感器气缸列 2 废气触媒转换器前	2.08
5	信号氧传感器气缸列 1 废气触媒转换器后	0.18
6	信号氧传感器气缸列 2 废气触媒转换器后	0.18
7	气缸列 1 混合气的叠加式调校（mg/Hub）	1
8	气缸列 2 混合气的叠加式调校（mg/Hub）	－0.38
9	Adaptation,mixture，bank 1，multiplicative（%）	0
10	Adaptation，mixture,bank 2，multiplicative（%）	1

—怠速		
1	发动机转速（l/min）	980
2	怠速标准值（l/min）	950
3	发动机怠速（l/min）	1
	稳性数值	
1	气缸 1 运转平稳性数值（额定值：－200 至 200）	0.13
2	气缸 2 运转平稳性数值（额定值：－200 至 200）	0.19
3	气缸 3 运转平稳性数值（额定值：－200 至 200）	0.15
4	气缸 4 运转平稳性数值（额定值：－200 至 200）	0.03
5	气缸 5 运转平稳性数值（额定值：－200 至 200）	－0.03
6	气缸 6 运转平稳性数值（额定值：－200 至 200）	0.03
7	气缸上的气缸校正激活	3
8	0.5 发动机等级的值（标准值＜2.0）	
9	1.0 发动机等级的值（标准值＜2.0）	
10	1.5 发动机等级的值（标准值＜1.5）	

—VANOS		
1	进气 VANOS 的位置（°）	85

2	排气 VANOS 的位置（°）	－114
3	VANOS 进气调校（°）	
4	VANOS 排气调校（°）	
—电子气门控制系统		
1	偏心轴标准角度（°）	37
2	偏心轴实际角度（°）	32
—状态		
1	EWS 设置权限	
2	线脚 15	
3	发动机怠速（仅当发动机运行时）	
4	发动机部分负荷（仅当发动机运行时）	
5	发动机满负荷（仅当发动机运行时）	

图 4-26　读取到的数据

任务二　驱动电控系统功能检查

知识目标

- 1. 了解驱动电控系统的结构和工作原理；
- 2. 了解驱动系统的挡位控制；
- 3. 了解控制系统的传感器的种类及作用；
- 4. 了解电磁阀的作用。

技能目标

- 1. 能进行控制系统传感器的拆装与检查；
- 2. 能进行驱动系统数据流读取；
- 3. 能识别动力电控系统元件。

一、驱动电控系统的结构和工作原理

驱动防滑系统（Anti-Slip Regulation，ASR），又称为驱动电控系统，也称为驱动力控制系统（TCS），是在 ABS 基础上发展起来的一套主动安全系统。

1．驱动电控系统的功用

驱动电控系统的作用是防止车辆在起步、加速时出现驱动轮打滑现象，以维持车辆行驶方向的稳定性。

没有装备 ASR 的车辆在光滑路面上加速时，驱动轮容易打滑，后轮驱动车辆则可能出现甩尾，前轮驱动车辆则容易出现方向失控，导致车辆侧向滑移。而 ASR 可使驱动轮的滑转率在最佳范围内，从而可避免车辆在加速时驱动轮打滑，并保证车辆转向能力，同时可以减少轮胎磨损。

2．驱动电控系统的组成

ASR 系统主要由传感器、控制器（ECU）、执行器等组成。ASR 系统的传感器主要是轮速传感器和节气门位置传感器。ECU 是 ASR 的控制单元，具有运算功能。它根据传感器传递来的信号，经过分析、判断，再向执行器下达控制指令。ASR 系统的执行器主要是制动压力调节器和节气门开度调节装置等。

3．驱动电控系统的工作原理

车辆在路面行驶时，无论是驱动力还是制动力，均受轮胎与路面之间的附着极限限制。不同工况下路面附着系数与车轮滑转率有一定关系，当驱动滑转率从零增加时，纵向附着系数也随之增加，当滑转率达到一特定值时，会陡然上升，然后纵向附着系数随滑转率的继续增加而逐渐下降。因而从驱动性能考虑，车轮的滑转率最好控制在与相对应的滑移率处。另一方面，轮胎与路面间的侧向附着系数随车轮滑转率的增加而急剧减小，因此，从车辆侧向稳定性考虑，驱动滑转率尽量小。综合来看，驱动轮的理想滑转率应同时保证产生合适的纵向驱动力和侧向力（保证汽车的侧向稳定性）。

ASR 的工作原理是，根据车辆的行驶工况，通过采用适当的控制算法使车辆驱动轮的滑转率尽量保持在一定数值，使汽车在复杂工况下发挥最大驱动力矩，保证车辆起步、加速等过程迅速而且稳定。

ASR 与 ABS 的区别在于，ABS 是防止车轮在制动时被抱死而产生侧滑，而 ASR 则是防止汽车在加速时驱动轮打滑，ASR 是在 ABS 的基础上的扩充，两者相辅相成。

二、驱动电控系统的挡位控制

自动变速器在变速杆下侧或变速器壳体上安装有多功能开关，当驾驶人操纵变速杆时，通过换挡轴控制多功能开关内的触点移动，将变速器当前所处的挡位信息传递给控制电脑，电脑由此识别变速器当前所处的挡位，然后控制相应的电磁阀工作，以实现自动换挡的目的（见图 4-27）。

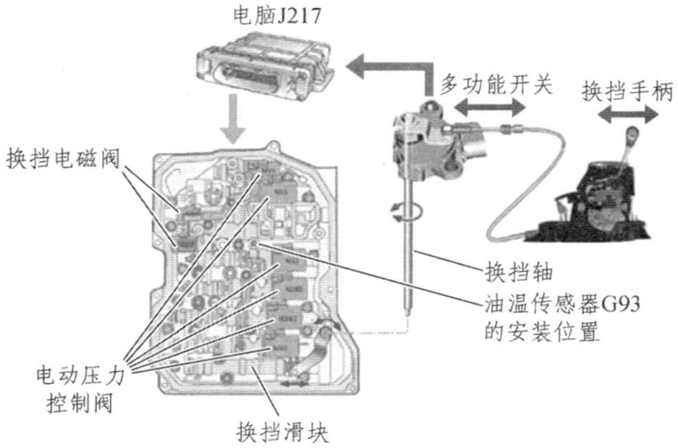

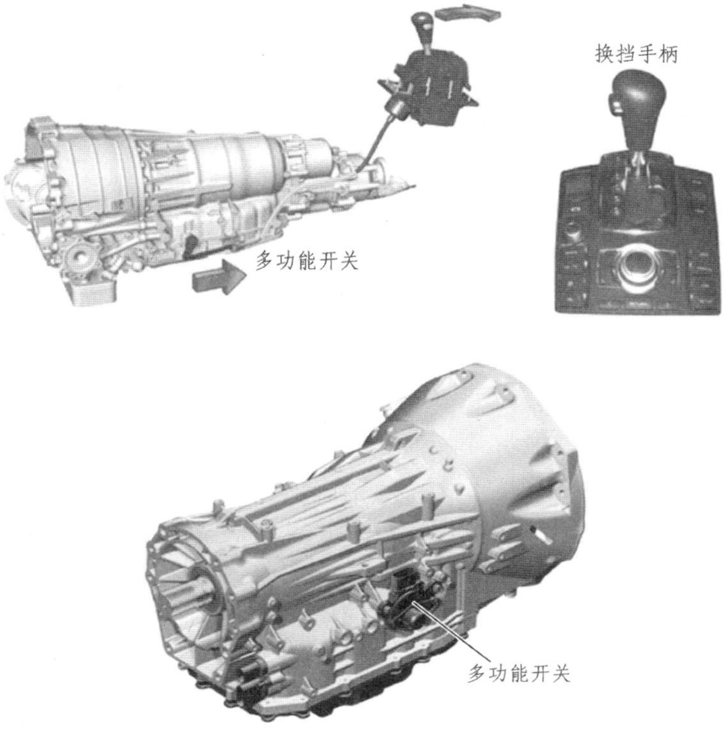

图 4-27　驱动系统控制部件

三、驱动电控系统元件识别

驱动电控系统的传感器主要包括节气门位置传感器、车速传感器、输入转速传感器、输出转速传感器、油温传感器和油压传感器等。

（1）节气门位置传感器：检测节气门的开度及开度变化，将其转换为电信号传给 ECU，作为驱动控制系统重要控制信号之一（见图 4-28）。

（2）车速传感器：检测汽车速度的变化，将其转换为电信号传给 ECU，作为驱动控制系统重要控制信号之一。

图 4-28　节气门位置传感器

ECU 通过接收节气门位置传感器和车速传感器的信息，在某一时刻，如果节气门位置传感器信号大于车速传感器信号，电脑控制自动变速器降挡；相反，车速传感器（见图 4-29）信号大于节气门位置传感器信号，电脑则控制自动变速器升挡，这就是我们平时所说的踩加速踏板提前降挡、松加速踏板提前升挡的道理。

（3）变速器油温传感器：检测变速器油温的变化，将其转换为电信号传给 ECU，作为驱动控制系统重要控制信号之一。

变速器油温传感器（见图 4-30）安装在自动变速器油底壳内的阀体线束或固定在阀板上，浸在 ATF 中，用于检测自动变速器的油液温度，作为自动变速器电脑进行换挡控制、油压控制和锁止离合器控制的依据。

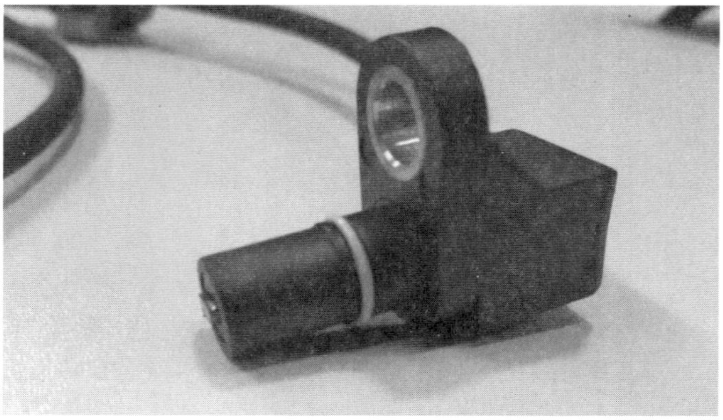

图 4-29　车速传感器

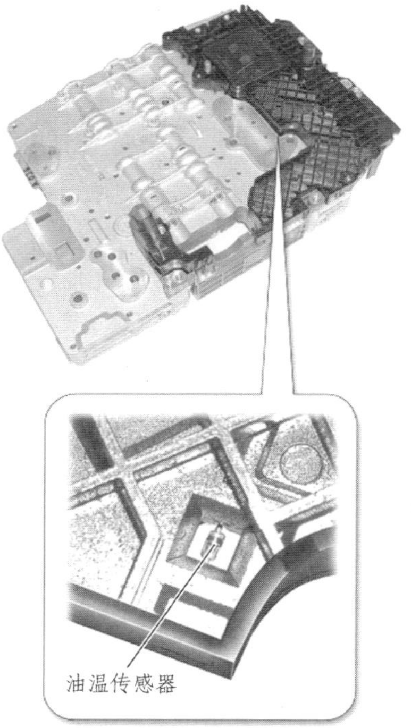

图 4-30　油温传感器

变速器油温传感器也是一种负温度系数热敏电阻元件，其电阻值随温度的变化而变化。当温度升高时，传感器的阻值随之减小，电脑根据其阻值的变化测得自动变速器油的温度，其具体作用如下：

① 油温低时：不升入高挡，锁止离合器也不锁止。

② 油温高时：降挡，锁止离合器锁止。

③ 油温低于 60 °C 时，将主油压调到低于正常值，防止因油温低、黏度较大而产生换挡冲击。

④ 油温低于 – 30 °C 时，电脑控制将主油压调到最大值，防止油温过低时，因油黏度过大而使换挡过程过于平缓。

（4）驱动电控系统执行器：主要是制动压力调节器和节气门开度调节装置等，前者根据从ABS/ASR电子控制单元传来的信号，为ASR的液压制动系统提供液压力，实现对驱动轮制动力矩的调节；后者则根据ASR电子控制单元传送来的信号，控制副节气门的开启角，进而控制发动机的输出转矩。

四、电磁阀

电控自动变速器中的执行器主要是各种电磁阀（见图4-31），其作用是根据变速器电脑的指令接通、切断或部分接通、部分切断液压回路，以实现自动变速器的换挡、变矩器内锁止离合器的锁止、主油压的调节等控制内容。

不同的自动变速器使用的电磁阀数量不同，一般为3～8个不等。例如上海通用的4T65-E自动变速器电控系统有4个电磁阀，其中2个是换挡电磁阀，1个是油压电磁阀，1个是锁止离合器电磁阀，而一汽大众的01M自动变速器电控系统则采用7个电磁阀。

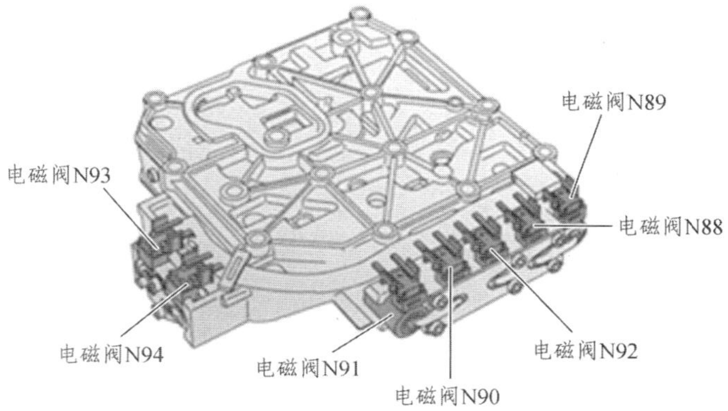

图4-31　电磁阀

五、驱动系统数据流读取

（1）准备工位及解码器（见图4-32）（本次以KT600为例）。

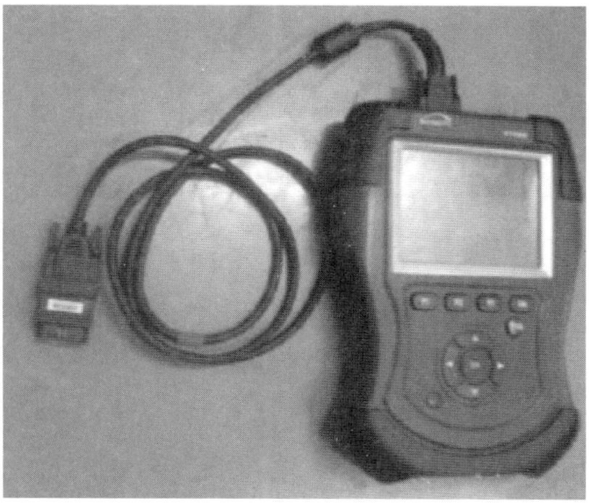

图4-32　解码器

（2）查看车辆信息：品牌、生产厂商、车型、年款、发动机型号等。

（3）关闭点火开关（见图 4-33）。

（4）连接解码器与车辆诊断接口（见图 4-34）（大多数轿车诊断接口在驾驶席仪表台左下侧）。

图 4-33　关闭点火开关

图 4-34　连接解码器

（5）先打开解码器开关，再打开汽车点火开关

（6）根据检测车型选择实际操作，如图 4-35 所示。

图 4-35　选择品牌

（7）选择相应车型及年款（见图 4-36）。

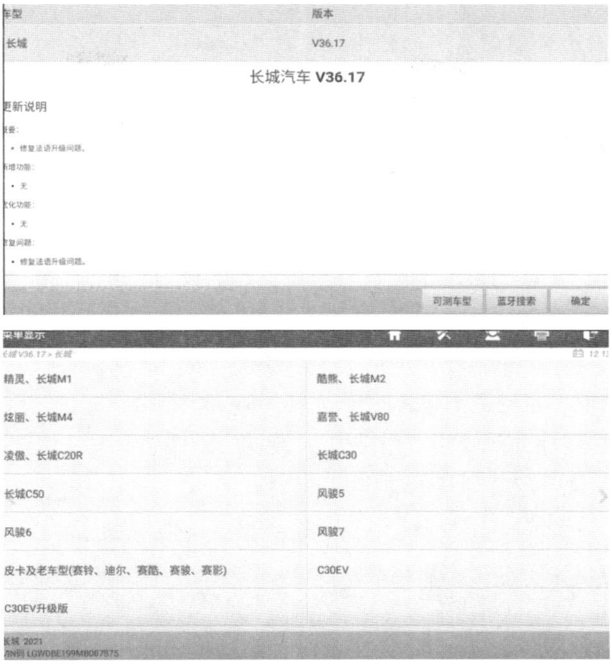

图 4-36　选择车型

（8）选择发动机控制系统（见图 4-37）。

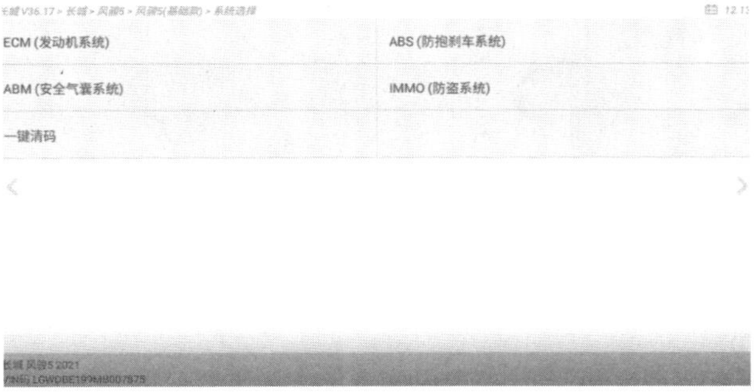

图 4-37　选择发动机控制系统

（9）选择 ASR 控制系统。

（10）选择读取数据流。

任务三　动力驱动系统功能测试

知识目标

- 1. 掌握动力驱动系统动作测试及数据读取的方法；
- 2. 掌握动力驱动系统复位设定及数据读取的方法。

技能目标

- 1. 能进行动力和驱动系统动作测试及数据读取；
- 2. 能进行动力和驱动系统复位设定及数据读取。

一、动力驱动系统动作测试及数据读取

动作测试就是用诊断仪连接车辆以后用诊断仪输出信号给系统控制单元，控制测试一些执行器，控制单元动作测试的目的是测试各系统执行器是否正常，用于分析。有些故障不明显，需要进行动作测试来对比分析，通常可以通过对比分析出线路、控制单元、执行器是哪个部位发生了故障。

例如：通过此功能在车辆打不着火的情况下，可以测试喷油嘴工作情况，通过听声音判断其是否正常工作；也可以在打不着火的情况下，测试风扇转动情况，检查风扇工作是否正常。

下面以丰田雷克萨斯车为例演示动作测试过程。

（1）连接诊断仪，选择“雷克萨斯”（见图 4-38）。

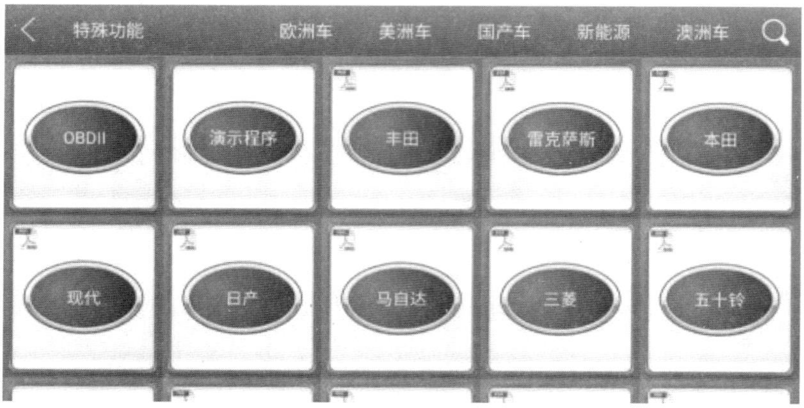

图 4-38　连接诊断仪并选择“雷克萨斯”

（2）选择“中国”。

（3）选择“引擎和自动变速箱系统”（见图 4-39）。

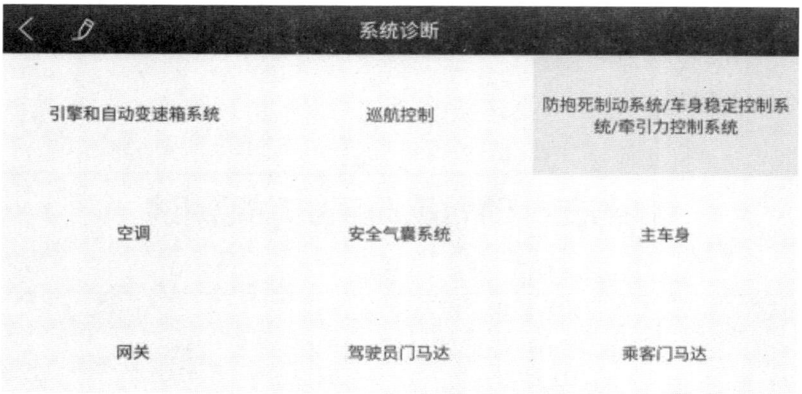

图 4-39　选择“引擎和自动变速箱系统”

（4）选择“动作测试”（见图 4-40）。

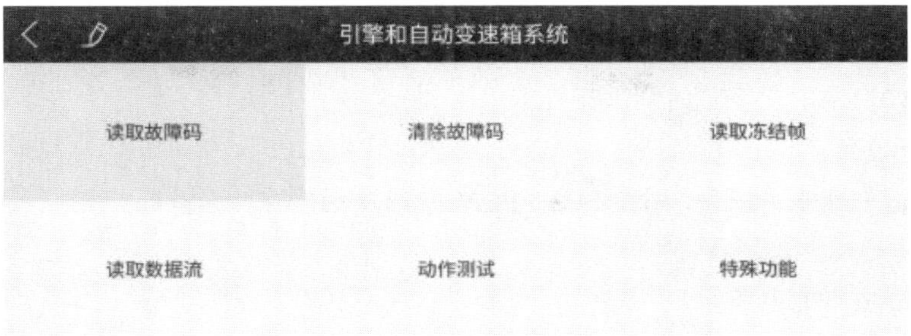

图 4-40　选择“动作测试”

（5）选择“喷油量控制”（见图 4-41）。

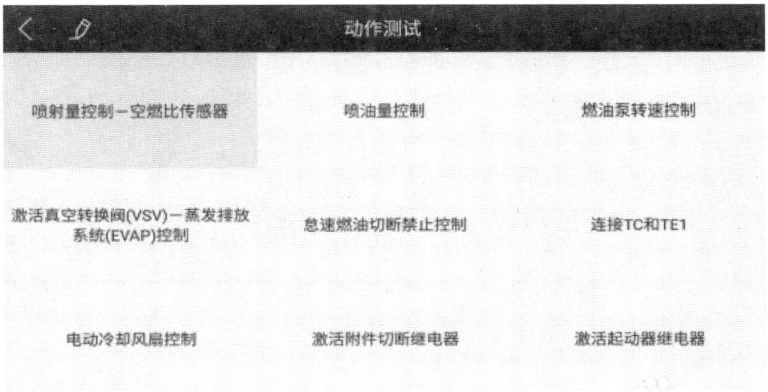

图 4-41　选择“喷油量控制”

（6）喷油量控制提示（见图 4-42）。

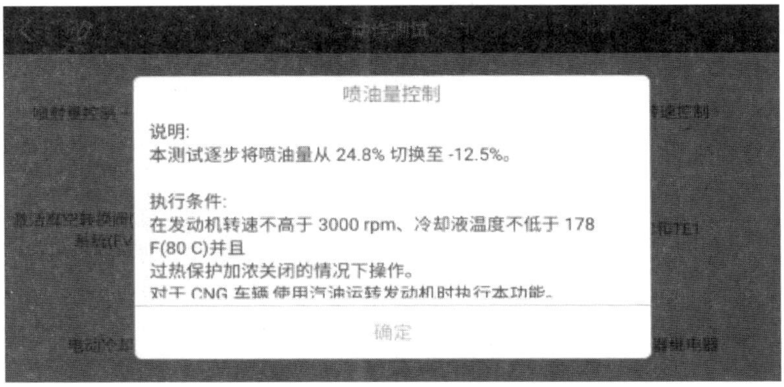

图 4-42　提示

（7）喷油量控制有增加、减少、快加、快减等项目，选择相应的项目进行测试（见图 4-43）。

图 4-43　选择项目测试

二、动力驱动系统复位设定及数据读取

1. 常见车型数据匹配

下面以广汽本田飞度车为例进行介绍。

1）怠速学习

通过执行怠速学习程序，以便 ECM/ PCM 学习发动机的怠速特征。在执行下列任一动作后，都需要进行怠速学习程序。

（1）断开蓄电池电缆。

（2）更换 ECM/ PCM 或其插接器。

（3）重置 ECM/ PCM。

（4）从发动机盖下熔丝/继电器盒内拆除 8 号+BIGP（15A）熔丝。

（5）从发动机盖下熔丝/继电器盒内拆除 1 号+BATTERY（80A）熔丝。

（6）从发动机盖下熔丝/继电器盒内拆除 6 号+MAIN（50A）熔丝。

（7）拆除 PGM-FI 主继电器。

（8）从发动机盖下熔丝/继电器盒内拆除蓄电池导线。

（9）从发动机盖下熔丝/继电器盒内断开任何插接器。

（10）断开仪表板线束与发动机室线束之间的 3P 插接器。

（11）从 AT 壳体上断开 GI 端子。

（12）调整怠速。

2）怠速学习步骤

要完成怠速学习程序，需要执行以下步骤。

（1）确信所有的电气设备都已关闭。

（2）启动发动机，在无负载状态下，将发动机转速保持在 3 000 r/min，直至散热器风扇开始运转，或直至发动机冷却液温度达到 80 ~ 100 °C。

（3）在节气门完全关闭且所有的电气组件均已关闭的情况下，让发动机怠速运转约 5 min。

2. 君越节气门匹配

下面以君越 2.4 L 为例进行介绍。其他车型方法相同，只需更换相应的 VIN1 即可。先将其他不同配置发动机（但只能在 LZC、LZD 中选择，在此可选择君越 3.0 L）的标定程序编入故障车的 ECM 中。

（1）打开点火开关，连接 TECH2（加 CANDI），从故障车辆上获得请求信息，当 TECH2 询问 VIN 是否正确时，选择“NO”。

（2）将 TECH2 连至 PC 上进行标定程序下载，当 TIS2000 要求输入 VIN 时，应输入另外一个 TIS2000 可以识别的、其他不同发动机配置的 VIN（如 LSGWV53C46S128290）。注意，此时不要输入故障车的 VIN3。

完成剩下的维修编程步骤时需注意:

（1）第 1 次维修编程结束后已将 1 个其他不同配置发动机的标定文件编入故障车的 ECM 中，此时切勿启动发动机。

（2）重复步骤（1）进行第 2 次维修编程，但需要将其中 VIN 换回故障车的 VIN。完成后，可将故障车的标定程序重新编入故障车的 ECM 中。

（3）完成以上编程后可将 ECM 中已有的怠速学习值清除。

（4）清除故障码，启动发动机进行路试。

3．奇骏节气门设定

奇骏清洗完电子节气门体后，出现怠速（1 500 r/min）过高的现象，行驶两天后，怠速还是过高，断开蓄电池电缆后重新连接也没有效果，这时须完成电子节气门体的学习设定。

1）加速踏板释放位置学习

加速踏板释放位置学习操作是通过监测加速踏板位置传感器输出信号，学习加速踏板完全释放时的位置。在每次断开加速踏板位置传感器或 ECM 的线束插头后，必须进行以下操作程序。

（1）确认加速踏板完全释放。

（2）将点火开关转到“ON”位置，等待至少 2 s。

（3）将点火开关转到“OFF”位置，等待至少 10 s。

（4）将点火开关转到“ON”位置，等待至少 2 s。

（5）将点火开关转到“OFF”位置，等待至少 10 s。

2）节气门关闭位置学习

节气门关闭位置学习操作通过监测节气门位置传感器输出信号，学习节气门完全关闭时的位置。在每次断开电控节气门控制执行器或 ECM 的线束插头后，必须进行以下操作程序。

（1）确认加速踏板完全释放。

（2）将点火开关转到“ON”位置。

（3）将点火开关转到“OFF”位置，等待至少 10 s。

（4）通过节气门动作的声音确认节气门动作超过 10 s。

任务四　驱动皮带正时功能检查

知识目标

◆ 1. 了解配气机构的结构组成；

◆ 2. 正确认识发动机正时机构；

◆ 3. 掌握正时皮带及组件检查、调整和拆装的方法；

◆ 4. 掌握正时链条及组件检查、调整和拆装的方法。

技能目标

◆ 1. 能进行正时皮带及组件检查、调整和拆装；

◆ 2. 能进行正时链条及组件检查、调整和拆装。

一、配气机构的结构组成

1．配气机构的功用和组成

1）配气机构的功用

按照发动机的工作顺序和工作循环的要求，定时开启和关闭各缸的进、排气门，使新鲜可燃混合气或空气得以及时进入气缸，废气得以从气缸及时排除。

2）配气机构的组成

配气机构通常由气门组和气门传动组两部分组成（见图 4-44）。

气门组：由进气门、排气门、气门导管、气门座及气门弹簧等零件组成。

气门传动组：由凸轮轴、摇臂轴、摇臂、推杆、挺柱和正时齿轮等组成。

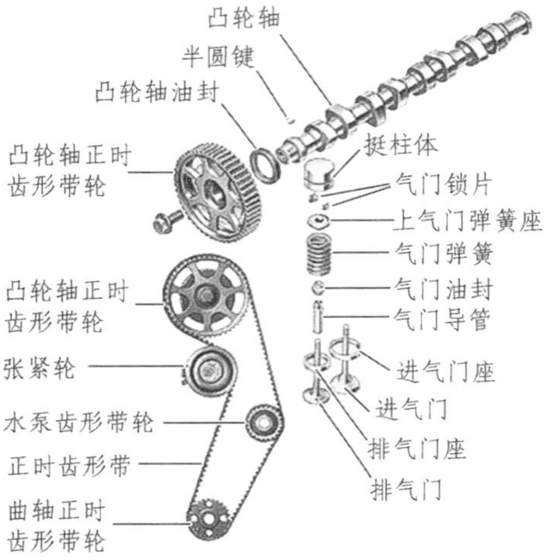

图 4-44　配气机构

2．配气机构的类型

（1）按气门的布置方式分为：气门顶置式、气门侧置式。

（2）按凸轮轴的位置分为：凸轮轴上置式、凸轮轴中置式、凸轮轴下置式。

（3）按凸轮轴的传动方式分为：齿轮传动、链条链轮传动、齿形皮带传动（见图 4-45）。

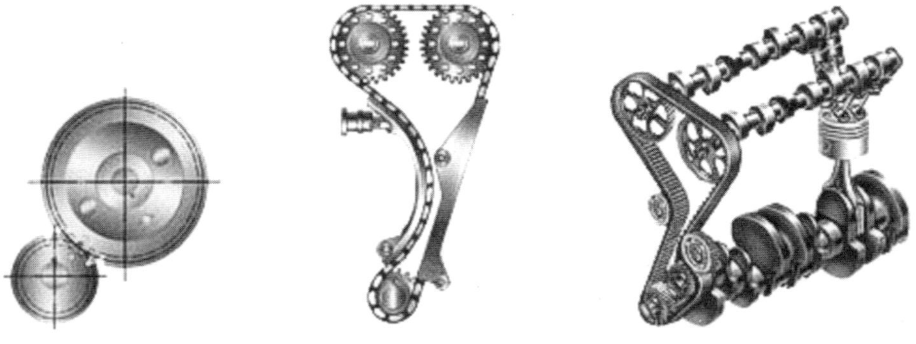

（a）齿轮传动　（b）链条链轮传动　（c）齿形皮带传动

图 4-45　按凸轮轴传动方式划分的配气机构类型

二、发动机正时认识

发动机正时（见图 4-46）的作用就是当发动机运转时，活塞的行程、气门的开启与关闭、点火的顺序与时刻，在“正时”的关联作用下，时刻要保持“同步”运转，保证发动机正常着火和工作。

发动机正时有机械正时和点火正时。机械正时是指在发动机装配时，配气机构正时机构和曲柄连杆机构正时部件有一定装配关系，通过与曲轴的连接并配合一定的传动比来保证进、排气时间的准确，正时齿带轮、正时齿轮等均标有正时记号。

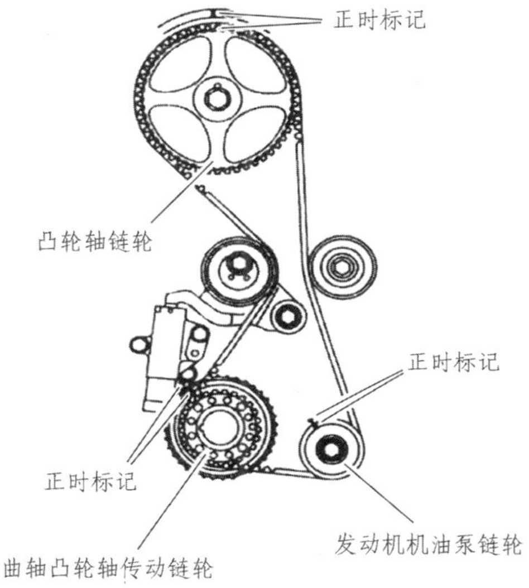

图 4-46　发动机正时

三、正时皮带及组件检查、调整和拆装

正时皮带大多为齿形皮带，它不但保证了传动的精确性，而且噪声小，但齿形皮带经过长期的使用后，会发生硬化、龟裂、剥离、脱落、磨损和纤维松散等损坏现象，严重时会折断。在检查中如果发现上述情况，必须更换齿形皮带。多数汽车生产厂家都规定了正时齿带的更换周期，一般为 6 万 ~ 8 万 km。

1．正时系统的检查要求

（1）当汽车行驶一定里程以后，要检查正时系统，查看其是否出现了过度磨损现象。

（2）检查整个正时系统，包括正时皮带、皮带轮、张紧轮和惰轮。

（3）更换正时系统不要超过制造商推荐的更换周期。

（4）更换时，要更换正时系统中的所有部件，并使用相互匹配的整套部件。

2．正时系统的检查项目

（1）外观检查齿形皮带磨损。

① 检查正时齿带的表面是否粘有油污和冷却液，正时齿带脏污后容易出现打滑现象，而且机油和冷却液会腐蚀橡胶，极大地缩短正时齿带的使用寿命。

② 检查正时齿带表面是否有裂纹或纤维断裂。如果齿带表面出现很多裂纹，或带齿磨损严重，应尽快更换正时齿带。

（2）检查、调整齿形皮带张紧度。

目前大多数轿车发动机都装有具有自动调节功能的齿带张紧器，当齿带长度发生变化时张紧器会进行自动补偿。但是仍然需要外观检查并调整齿形带的松紧度，以免张紧器等部件出现故障造成正时齿带长度的异常变化。

（3）检查张紧轮状况。

张紧轮出现异常的声音、不平稳及摇晃时，说明张紧轮已损坏，必须更换新品（见图 4-47 和图 4-48）。

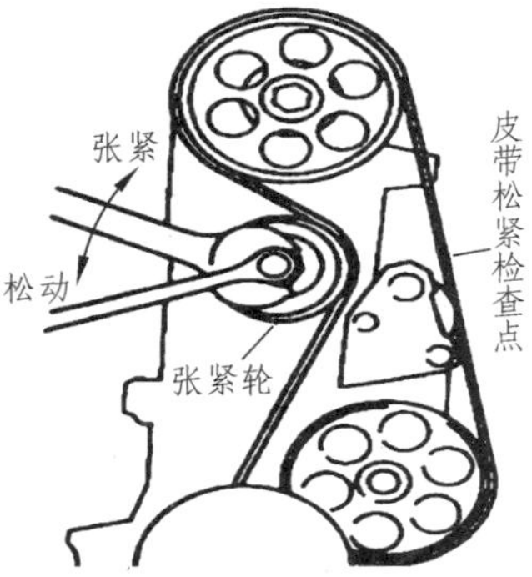

图 4-47　调节张紧

图 4-48　检查皮带松紧度

四、正时链条及组件检查、调整和拆装

1．正时链条、链轮检查

正时传动机构在工作中会因正时链条的磨损，造成节距变长，噪声增大，严重时会使配气正时失准，在维修中应认真检查。

（1）正时链条的检查：测量全链长。测链条长度时，对链条施以一定的拉力拉紧后测量其长度（见图 4-49）。

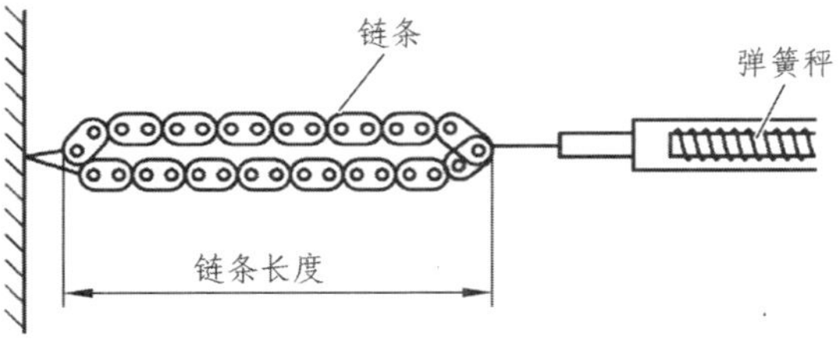

图 4-49　正时链条检查

（2）正时链轮的检查：测量最小的链轮直径。将链条分别包住凸轮轴正时链轮，用游标卡尺测量其直径，其直径不得小于允许值，若小于此值时，应更换链条和链轮（见图 4-50）。

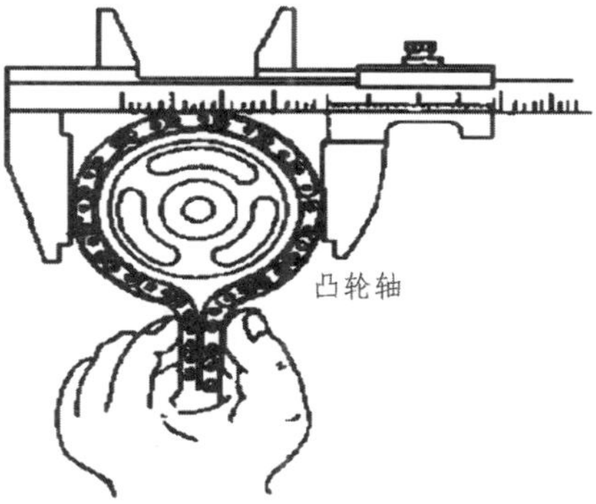

图 4-50　正时链轮检查

2．别克车正时链条拆装

参考维修手册，拆卸和安装正时链条和链轮。

（1）拆下蓄电池负极搭铁线。

（2）拆下发动机前罩及妨碍作业的部件。

（3）转动曲轴，使第 1 缸活塞处于压缩上止点位置，对齐凸轮轴和曲轴链轮上的正时标记，如图 4-51 所示。在凸轮轴链轮上有两个正时标记：一是第 1 缸活塞处于上止点时正时标记，这时第 1 缸进气门和排气门均处于关闭位置；二是第 4 缸活塞处于上止点时正时标记，这时第 4 缸进气门和排气门均处于关闭位置。

（4）拆下凸轮轴链轮上的螺栓，取下正时链条和凸轮轴链轮。

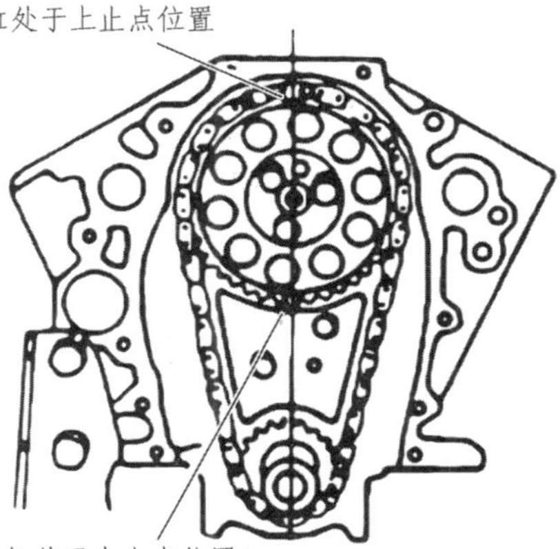

图 4-51　对齐正时标记

（5）如果需要更换曲轴链轮，应用拉拔器拆下链轮。安装新链轮，应将链和链槽对准，防止松动。

（6）将正时链条安装在凸轮轴链轮上，固定链轮，使链条悬下，对准凸轮轴和曲轴链轮上的正时标记。将链轮上定位销孔与凸轮轴上定位销孔对准，再把链轮安装在凸轮轴上。用机油润滑正时链轮和链条，按规定力矩拧紧固定螺栓。

（7）转动曲轴两圈，检查发动机正时标记是否对齐，如果正时标记没有对齐，应按上述操作步骤重新进行操作。

3．卡罗拉车 1ZR 发动机正时链条拆装

安装链条分总成时，确保标记板背向发动机总成，将链条分总成穿过正时链条导板。

（1）安装曲轴皮带轮固定螺栓。

（2）用 2 颗螺栓将正时链条导板安装到气缸盖分总成和气缸体分总成上（见图 4-52）。

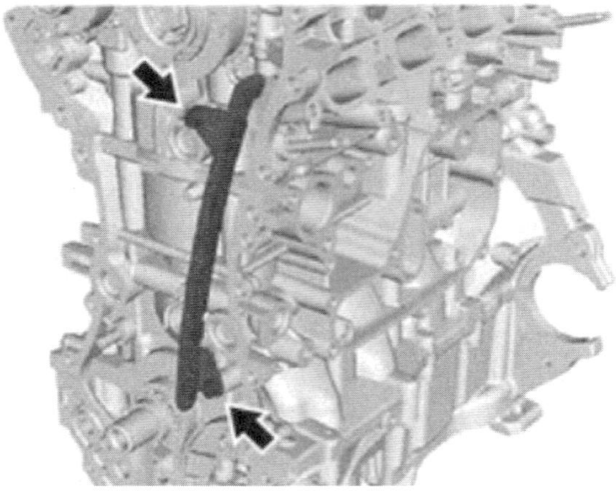

图 4-52　安装正时链条导板

（3）如图 4-53 所示，将标记板（金色）与正时标记对准并安装链条分总成。

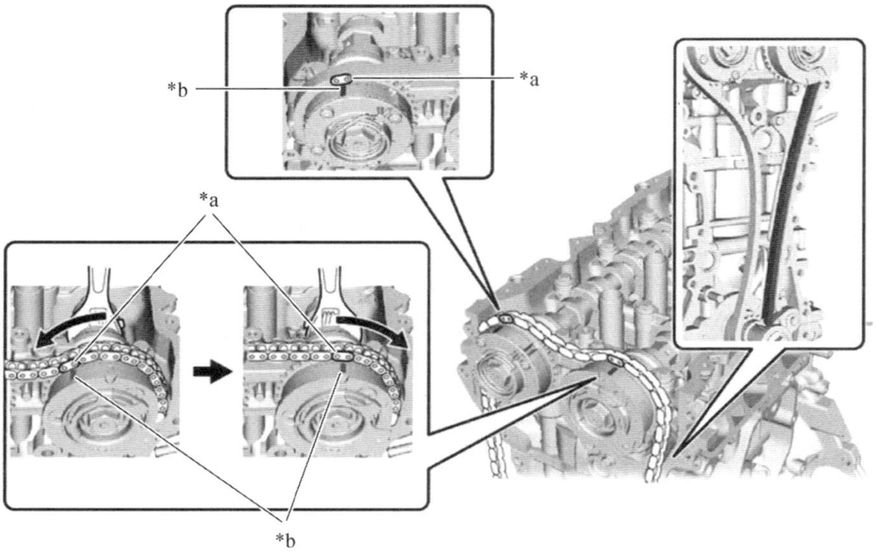

*a—链条正时标记（标记板）；*b—凸轮轴链轮正时标记。

图 4-53　将标记板（金色）与正时标记对准并安装链条分总成

提示：不要使链条分总成环绕在凸轮轴正时齿轮总成的链轮上，只可将其放置在链轮上。

（4）用扳手固定凸轮轴的六角头部分，并顺时针转动凸轮轴正时齿轮总成。

提示：顺时针缓慢转动凸轮轴正时齿轮总成，以防链条分总成错位。

将标记板（金色）和正时标记对准并将链条分总成安装到曲轴正时链轮上（见图 4-54）。

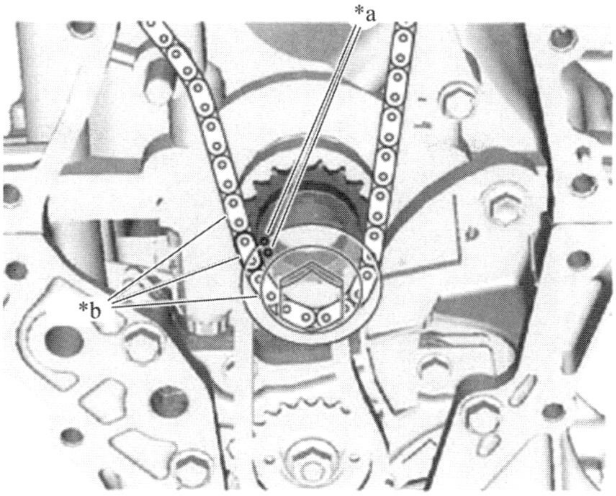

图 4-54　将链条分总成安装到曲轴正时链轮上

（5）安装链条张紧器导板（见图 4-55）。

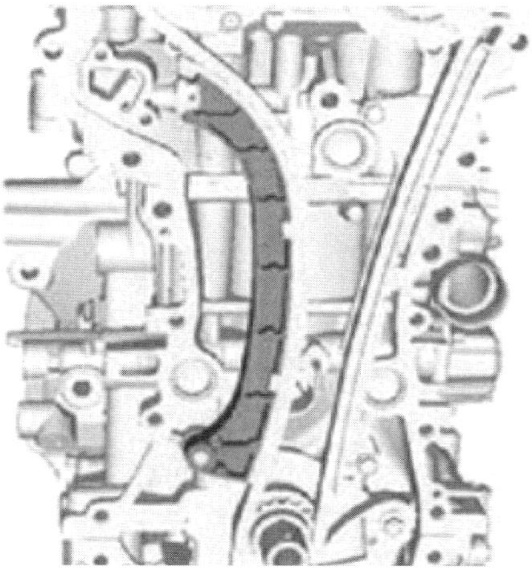

图 4-55　安装链条张紧器导板

（6）安装 1 号链条张紧器总成（见图 4-56）。

用 2 颗螺栓将 1 号链条张紧器总成安装到气缸盖分总成上，从挡片孔中拆下销。

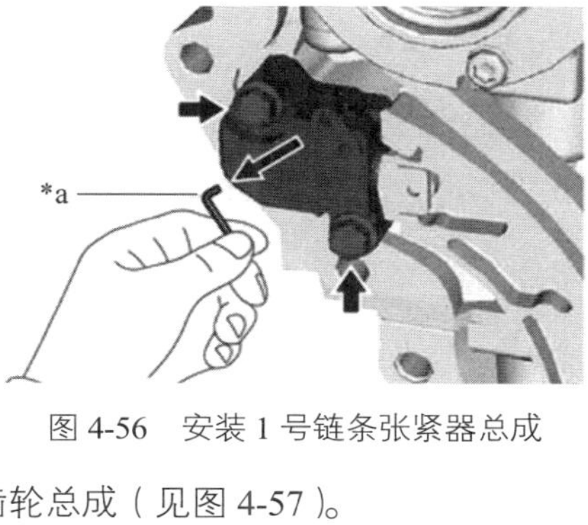

图 4-56　安装 1 号链条张紧器总成

（7）安装凸轮轴正时齿轮总成（见图 4-57）。

① 通过对齐锁销孔和锁销将凸轮轴正时齿轮总成和凸轮轴安装在一起。不要用力推凸轮轴正时齿轮总成，否则锁销顶部可能损伤凸轮轴正时齿轮总成的安装表面。

② 将凸轮轴正时齿轮总成轻轻按向凸轮轴，并转动凸轮轴正时齿轮总成，将锁销进一步推入锁销孔中。

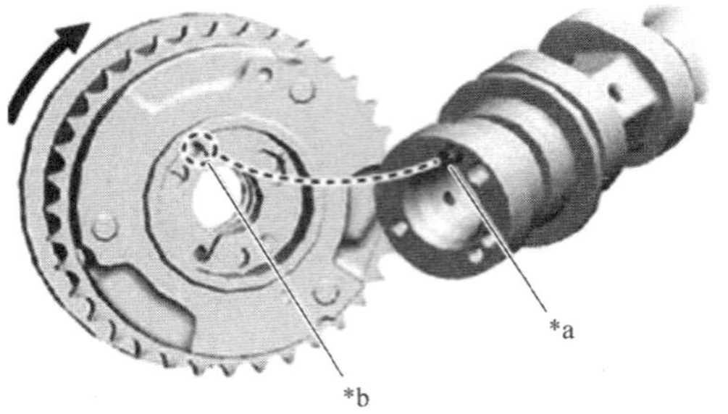

*a—锁销；*b—锁销孔。

图 4-57　安装凸轮轴正时齿轮总成

③ 检查并确认凸轮轴正时齿轮总成与凸轮轴法兰之间无间隙。

④ 固定凸轮轴正时齿轮总成的同时，紧固凸轮轴正时齿轮（进气侧）螺栓（见图 4-58），注意：如果凸轮轴正时齿轮（进气侧）螺栓受过敲击或掉落，则将其更换。不要使用冲击扳手。

图 4-58　紧固凸轮轴正时齿轮螺栓

（8）安装 2 号链条分总成。

① 曲轴轮固定螺栓暂时安装到曲轴上。

② 设定曲轴正时齿轮键（见图 4-59）。

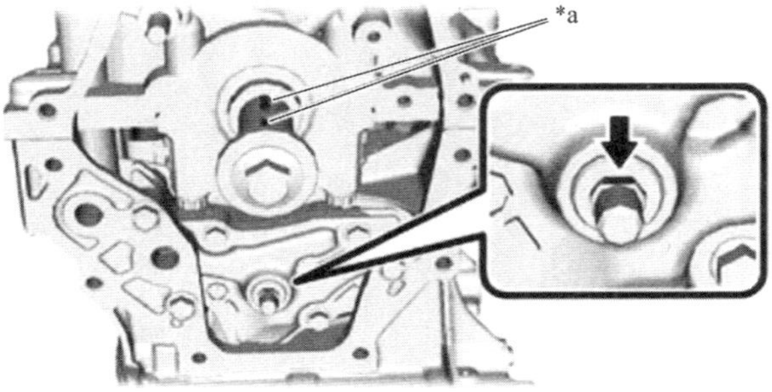

*a—曲轴正时链轮键槽。

图 4-59　安装曲轴轮固定螺栓并设定曲轴正时齿轮键

③ 转动机油泵驱动轴，使平面朝上。

④ 从曲轴上拆下曲轴皮带轮固定螺栓。

⑤ 如图 4-60 所示，将标记板（金色）与机油泵主动齿轮和机油泵驱动轴齿轮的正时标记对准。

提示：确保 2 号链条分总成的标记板（金色）背离发动机总成。

⑥ 在 2 号链条分总成环绕在机油泵主动齿轮和机油泵驱动轴齿轮上时，将机油泵主动齿轮安装到曲轴上，并将机油泵驱动轴齿轮暂时安装到机油泵主动轴上。

⑦ 安装机油泵驱动轴齿轮螺母。

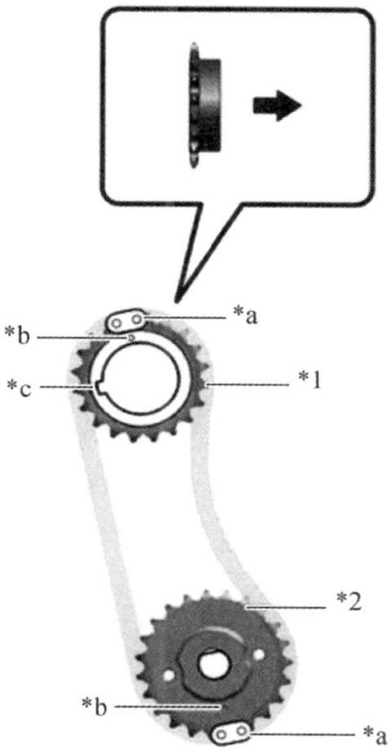

*1—机油泵主动链轮；*2—机油泵驱动轴链轮；*a—标记板；
*b—链轮正时标记；*c—正时链轮键槽。

图 4-60　对准正时标记

⑧ 将链条减振弹簧安装到链条张紧器盖板上，然后用螺栓安装链条张紧器盖板（见图 4-61）。

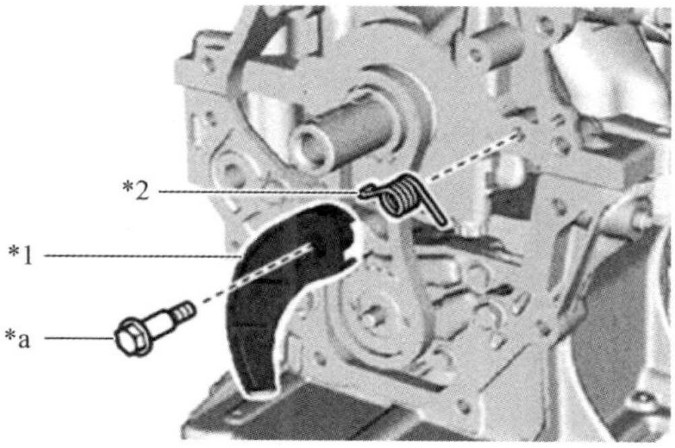

*1—链条张紧器盖板；*2—链条张紧器弹簧；
*a—链条张紧器盖板螺栓。

图 4-61　安装张紧器

⑨ 用曲轴皮带轮固定螺栓将曲轴皮带轮暂时安装到曲轴上。

⑩ 使用 SST 固定曲轴皮带轮。然后紧固机油泵驱动轴齿轮螺母（见图 4-62）。

图 4-62　固定曲轴轮

⑪ 拆下 SST、曲轴轮固定螺栓和曲轴轮。

⑫ 安装曲轴正时链轮（见图 4-63）。

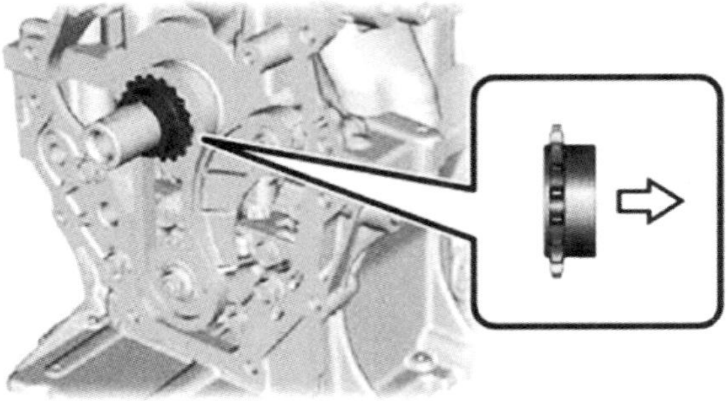

图 4-63　安装曲轴正时链轮

⑬ 安装链条张紧器导板（见图 4-64）。

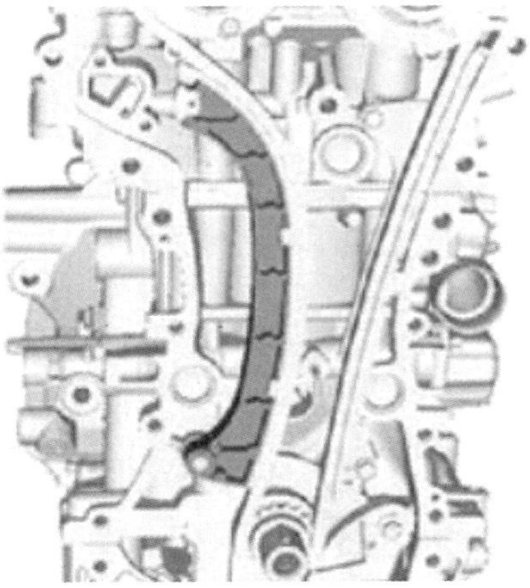

图 4-64　安装链条张紧器导板

⑭ 安装正时链条盖总成（见图 4-65）。

清洁正时链条盖总成、凸轮轴壳分总成、气缸盖分总成、气缸体分总成和加强曲轴箱总成之间的部位，并确认表面无油液、潮气或其他异物。在正时链条盖总成上涂抹密封胶。

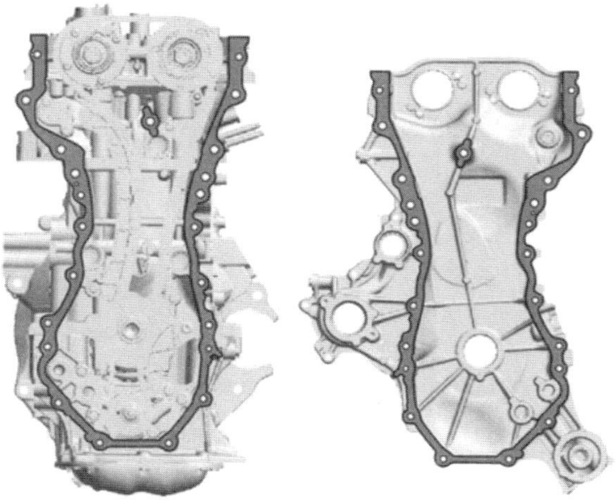

图 4-65　安装正时链条盖总成

任务五　动力系统密封功能检查

知识目标

- 1. 掌握气门室罩衬垫检查、清洗和拆装的方法；
- 2. 掌握排气歧管衬垫检查、拆装的方法；
- 3. 掌握曲轴前/后油封拆装的方法。

技能目标

- 1. 能进行气门室罩衬垫检查、清洗和拆装；
- 2. 能进行排气歧管衬垫检查和拆装；
- 3. 能进行曲轴前/后油封拆装。

一、气门室罩衬垫检查、清洗和拆装

1．气门室罩衬垫的作用

气门室罩衬垫的作用是防止气门室机油渗漏和减少噪声。

发动机气门室罩（见图 4-66 和图 4-67）直接与发动机相连，承受和传递着来自发动机的振动和噪声，因此提高气门室罩盖的隔声和吸音效果是减少噪声污染的有效手段，因此气门室罩需要具有更好的消音性和阻尼性。

为了保证发动机气门室罩的密封性，气门室罩与安装部件（多为缸盖）之间需要密封垫。气门室盖垫片由橡胶制成，随着时间的推移，它不可避免地会老化，因此会发生漏油（见图 4-68）。

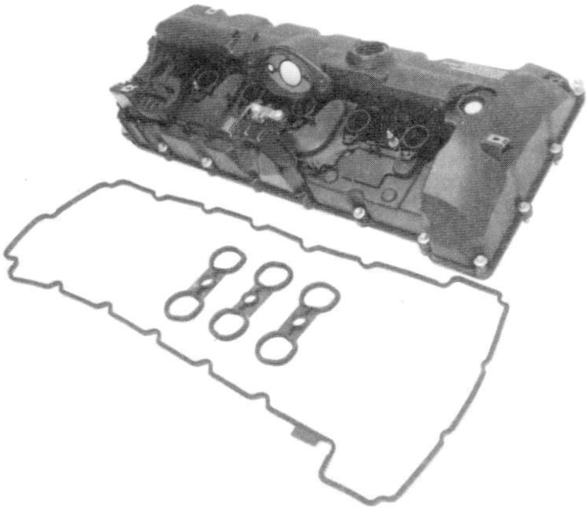

图 4-66　塑料气门室罩

图 4-67　金属气门室罩

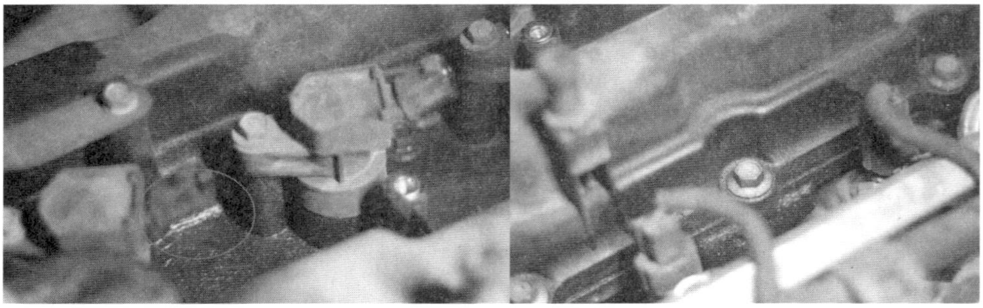

图 4-68　气门室罩漏油

如果发动机长时间漏油，气门室盖垫渗油在天气炎热的季节，极易造成车辆自燃。同时润滑油量会减少，发动机中的许多零件将无法润滑，导致异常磨损，漏油越严重，磨损越严重。为了保护发动机的正常运转，如果发现气门室盖垫片老化（见图 4-69）或损坏等故障，必须及时修理。

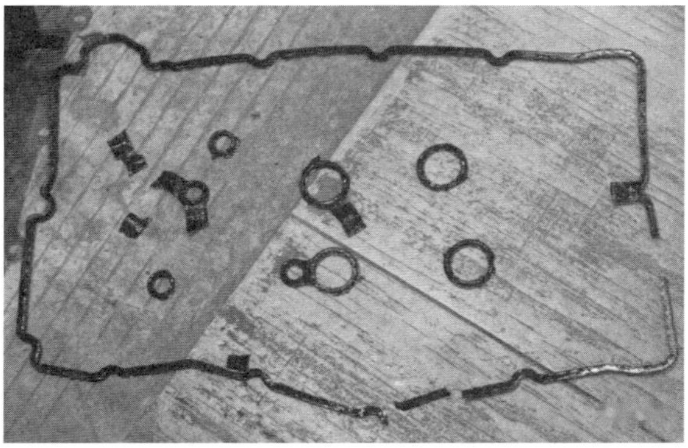

图 4-69　老化的气门室罩衬垫

2．气门室罩衬垫的更换

（1）做好车辆防护，更换气门室盖垫前发动机必须完全冷却。

（2）拆掉发动机护盖，清洁气门室罩上面的灰尘（见图 4-70）。

（3）先把气门室盖 4 个点火线圈取下，然后取下通气阀橡胶软管，拔下挡住气门室盖的传感器插头和汽油管，由于这些部件都有老化现象，所以拆卸时需格外小心（见图 4-71）。

图 4-70　清洁气门室罩灰尘

图 4-71　气门室罩附件拆卸

（4）拆卸发动机气门室罩的固定螺栓（见图 4-72）。

图 4-72　气门室罩固定螺栓拆卸

（5）取下气门室罩衬垫（见图 4-73）。

（6）清洁缸盖及气门室罩（见图 4-74）。

（7）换上新的气门室罩衬垫（见图 4-75）。

图 4-73　气门室罩内、外圈衬垫

图 4-74　缸盖接合面的清洁

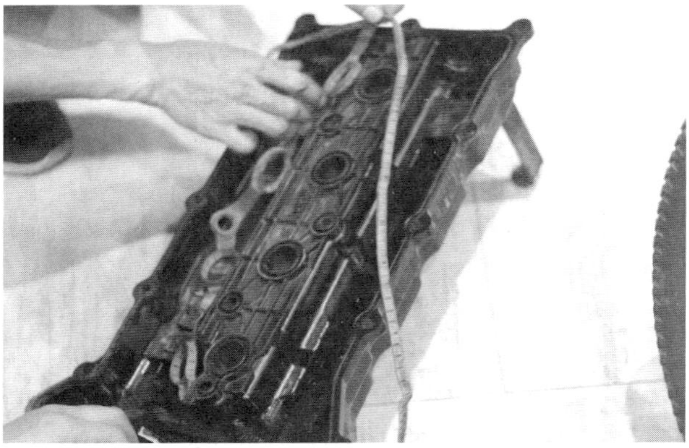

图 4-75　安装新的气门室罩衬垫

（8）按照之前的拆卸顺序把盖子装好，安装螺栓，按照维修手册的力矩拧紧螺栓。

（9）安装火花塞、点火线圈及相关附件。

（10）若之前机油渗漏严重，应检查发动机油液；若低于机油尺下刻度线，则需要添加机油。

二、排气歧管衬垫检查和拆装

1．排气歧管衬垫的作用

发动机排气歧管的衬垫是装配在排气歧管（见图 4-76）与缸盖排气口之间，用来防止燃烧后的高温气体从连接处泄漏的一种弹性密封垫片（见图 4-77）。

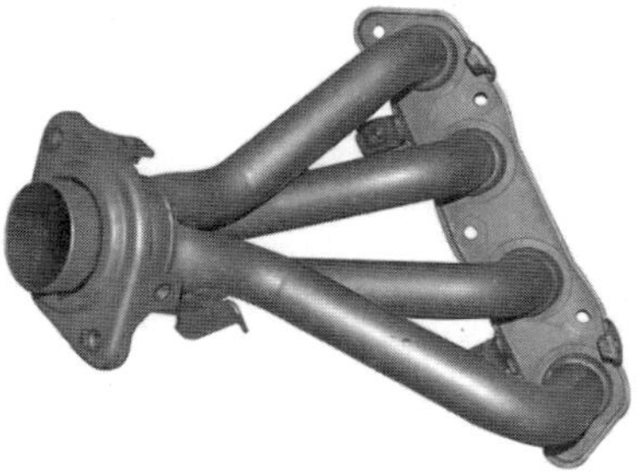

图 4-76　排气歧管

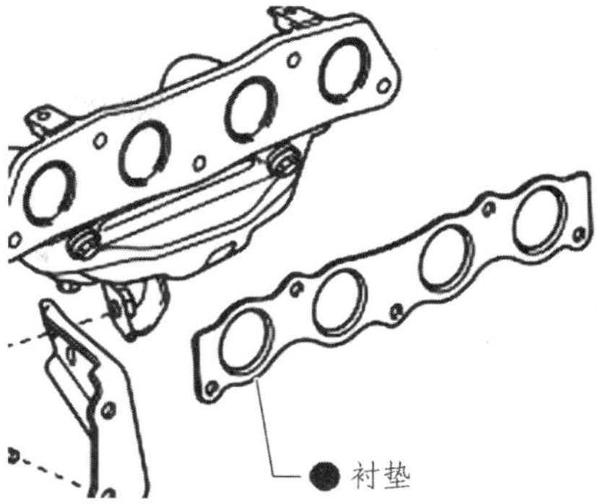

图 4-77　排气歧管垫片

2．排气歧管衬垫检查

（1）外观检查排气歧管是否有裂纹或变形。

（2）外观检查排气歧管密封结合部是否有漏气现象。

3．排气歧管衬垫的更换

参考维修手册进行更换。

（1）等排气管温度下降后再进行操作。

（2）拆卸排气管隔热罩（见图 4-78）。

（3）拆卸排气管歧管支撑条（图 4-79）。

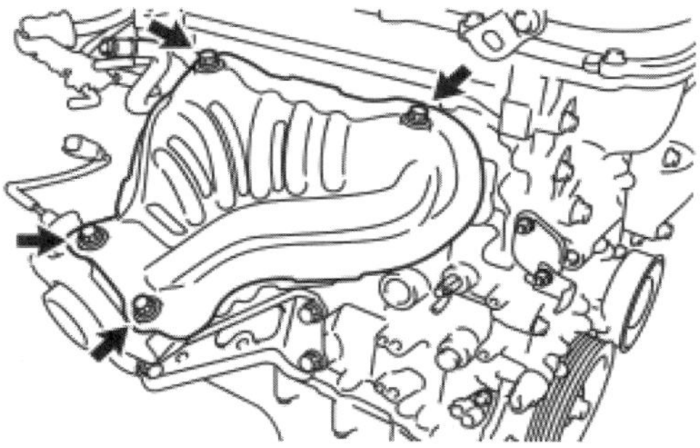

图 4-78　拆卸排气管隔热罩

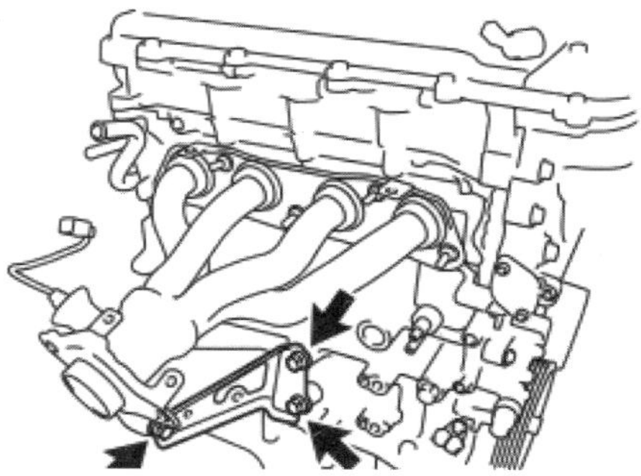

图 4-79　拆卸排气管歧管支撑条

（4）拆卸排气管歧管（图 4-80）。

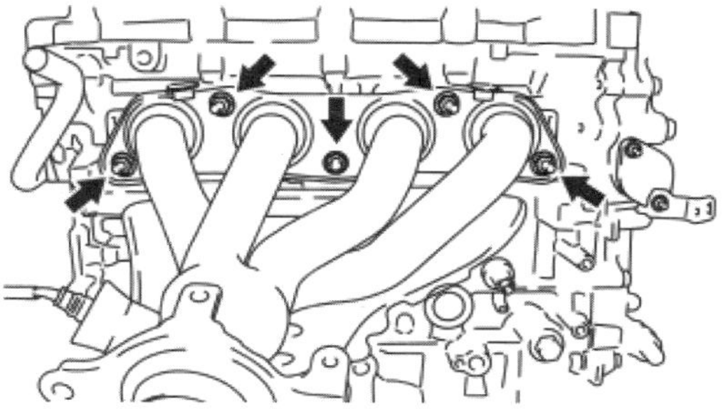

图 4-80　拆卸排气管歧管

（5）安装新排气管歧管衬垫。

（6）安装排气管，注意螺栓拧紧力矩（见图 4-81）。

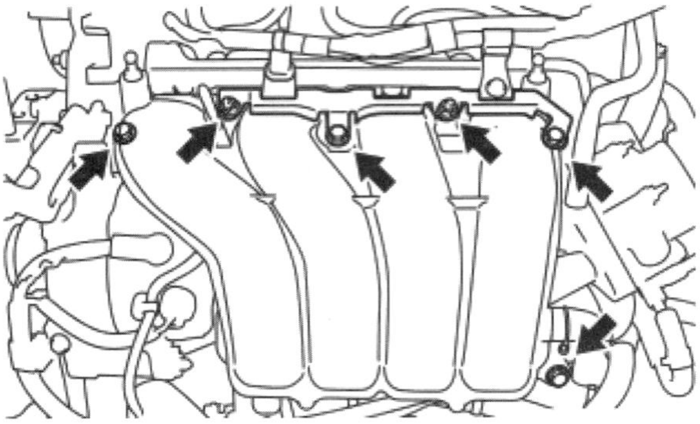

图 4-81　安装排气管

三、曲轴前/后油封拆装

1．曲轴前/后油封的作用

曲轴前/后油封的作用就是密封曲轴箱，防止曲轴旋转处有机油外漏。当发动机使用一段时间后，油封老化会导致渗油的情况，需检查并更换。

参考维修手册进行拆装。

2．曲轴前油封拆装

（1）拆卸曲轴皮带轮。

① 使用专用工具 SST，将曲轴皮带轮固定到位，并松开曲轴皮带轮固定螺栓（见图 4-82）。

② 紧固曲轴皮带轮固定螺栓，直至 2 或 3 颗螺纹拧入曲轴内（见图 4-83）。

③ 拆下曲轴皮带轮和曲轴皮带轮固定螺栓。

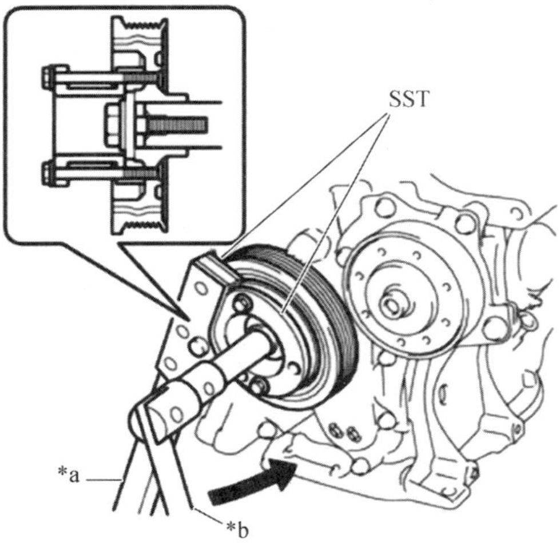

*a—SST；*b—扭力扳手。

图 4-82　专用工具 SST

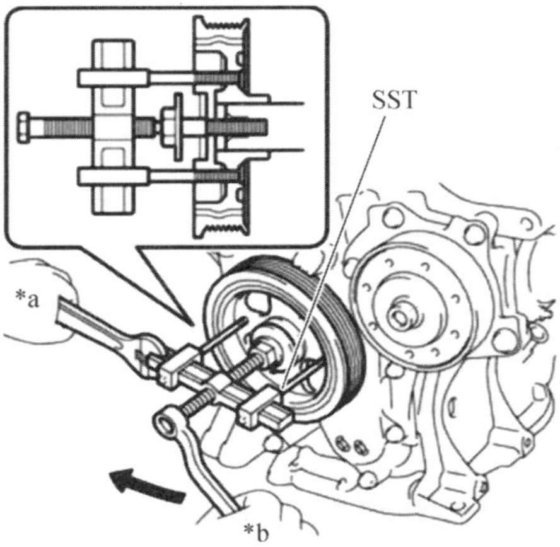

图 4-83　紧固曲轴皮带轮固定螺栓

（2）拆卸正时链条盖油封。

① 用刀子切掉正时链条盖油封唇口。

② 使用螺丝刀撬出正时链条盖油封（见图 4-84）。

注意：拆下后检查曲轴是否损坏。如果损坏，则用 400 号粗砂纸磨平曲轴表面。

提示：使用螺丝刀之前，应在螺丝刀头部缠上胶带。

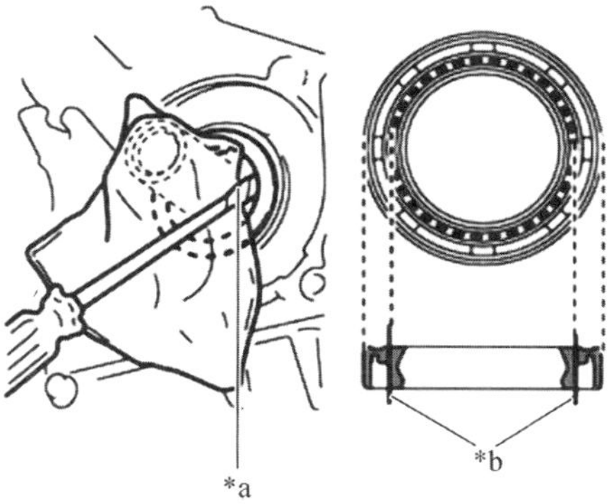

*a—平口螺丝刀；*b—正时链条盖油封。

图 4-84　使用螺丝刀撬出正时链条盖油封

（3）安装正时链条盖油封。

① 在新正时链条盖油封的唇口涂抹通用润滑脂。

注意：使唇口远离异物。

② 使用 SST 和锤子敲入正时链条盖油封，直至其表面与正时链条盖分总成边缘齐平（见图 4-85）。

注意：擦除曲轴上多余的润滑脂，不要斜敲正时链条盖油封。

提示：正时链条盖油封嵌入深度：－1.0 ~ ＋1.0 mm。

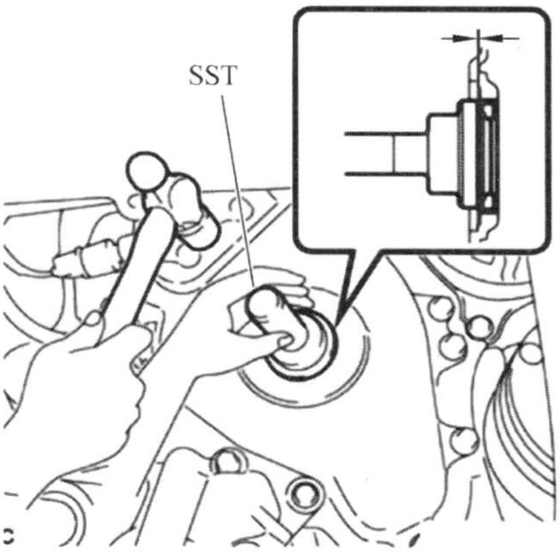

图 4-85　敲入正时链条盖油封

（4）安装曲轴皮带轮。

① 将曲轴正时齿轮键与曲轴皮带轮的键槽对准。

② 使用 SST 将曲轴皮带轮固定到位，并紧固曲轴皮带轮固定螺栓。

3．曲轴后油封拆装

（1）拆卸变速器总成。

（2）拆卸离合器总成。

（3）拆卸飞轮总成，使用专用工具 SST 固定曲轴。

（4）用起子（头部缠胶带）拆卸曲轴后油封（见图 4-86）。

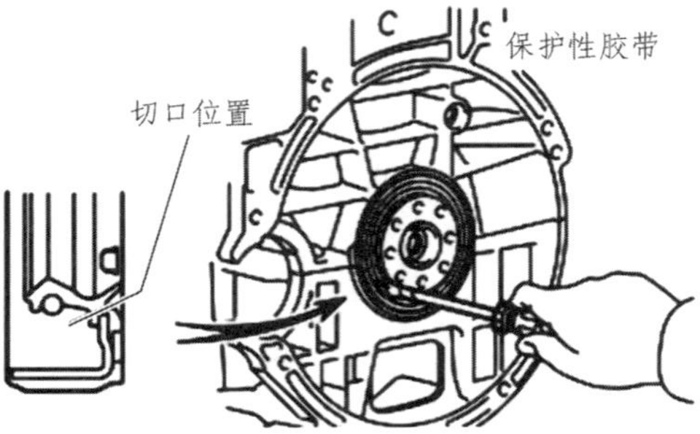

图 4-86　拆卸曲轴后油封

（5）安装曲轴后油封。

① 在新油封的唇口涂抹通用润滑脂。

注意：使唇口远离异物。

② 使用 SST 和锤子敲入油封，直到其表面与后油封座圈边缘齐平（见图 4-87）。

注意：擦除曲轴上多余的润滑脂，不要斜敲油封。

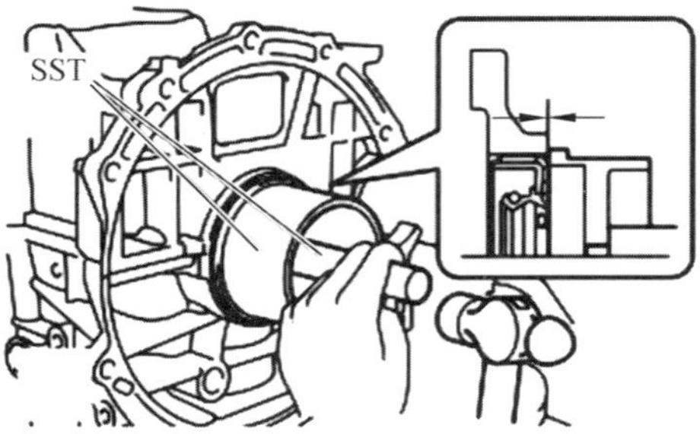

图 4-87　使用 SST 和锤子敲入油封

参考文献

[1] 徐艳，刘利胜. 汽车维修技术[M]. 北京：中国劳动社会保障出版社，2017.

[2] 张俊. 汽车发动机电控技术[M]. 北京：北京大学出版社，2017.

[3] 吉武俊，胡勇. 汽车维护与保养[M]. 北京：机械工业出版社，2016.

[4] 王盛良. 汽车发动机电控技术与检修[M]. 北京：机械工业出版社，2017.

[5] 徐昭，程章. 汽车电气设备构造与维修[M]. 哈尔滨：哈尔滨工业大学出版社，2017.

[6] 上汽通用汽车有限公司. 汽车自动变速器及检修[M]. 北京：高等教育出版社，2016.

[7] 王盛良. 汽车自动变速器技术与检修[M]. 北京：机械工业出版社，2017.

[8] 弋国鹏，魏建平，郑世界. 汽车发动机控制系统及检修[M]. 北京：机械工业出版社，2019.

[9] 周晓飞. 汽车底盘和变速器维修[M]. 北京：化学工业出版社，2013.

[10] 上汽通用汽车有限公司. 汽车手动变速器与驱动桥及检修[M]. 北京：高等教育出版社，2016.